Gramáticas do erotismo

SUJEITO E HISTÓRIA
Organização de Joel Birman

A coleção Sujeito e História tem caráter interdisciplinar. As obras nela incluídas estabelecem um diálogo vivo entre a psicanálise e as demais ciências humanas, buscando compreender o sujeito nas suas dimensões histórica, política e social.

Títulos já publicados:

A crueldade melancólica, Jacques Hassoun
A psicanálise e o feminino, Regina Neri
Arquivos do mal-estar e da resistência, Joel Birman
Cadernos sobre o mal, Joel Birman
Cartão-postal, Jacques Derrida
Cartografias do avesso, Joel Birman
Deleuze e a psicanálise, Monique David-Ménard
Foucault, Paul Veyne
Gramáticas do erotismo, Joel Birman
Lacan com Derrida, René Major
Lacan e Lévi-Strauss, Markos Zafiropoulos
Mal-estar na atualidade, Joel Birman
Metamorfoses entre o sexual e o social, Carlos Augusto Peixoto Jr.
Manifesto pela psicanálise, Erik Porge, Franck Chaumon, Guy Lérès, Michel Plon, Pierre Bruno e Sophie Aouillé
O aberto, Giorgio Agamben
O desejo frio, Michel Tort
O olhar do poder, Maria Izabel O. Szpacenkopf
O sujeito na contemporaneidade, Joel Birman
Ousar rir, Daniel Kupermann
Problemas de gênero, Judith Butler
Rumo equivocado, Elisabeth Badinter
Ser justo com a psicanálise, Joel Birman

Joel Birman

Gramáticas do erotismo

A feminilidade e as suas formas de subjetivação em psicanálise

3ª edição

Rio de Janeiro
2022

COPYRIGHT © Joel Birman, 2001

CIP-BRASIL. CATALOGAÇÃO NA FONTE
SINDICATO NACIONAL DOS EDITORES DE LIVROS, RJ

B521g
3ª ed.

Birman, Joel, 1946-
  Gramáticas do erotismo: a feminilidade e as suas formas de subjetivação em psicanálise / Joel Birman. – 3ª ed. – Rio de Janeiro: Civilização Brasileira, 2022.
  – (Sujeito e história)

  Inclui bibliografia
  ISBN 978-85-200-0569-9

  1. Feminilidade (Psicologia). 2. Sexo (Psicologia). 3. Psicanálise. I. Título.

16-0810

CDD 155.633
CDU 159.92-055.2

EDITORA AFILIADA

Todos os direitos reservados. É proibido reproduzir, armazenar ou transmitir partes deste livro, através de quaisquer meios, sem prévia autorização por escrito.

Texto revisado segundo o novo Acordo Ortográfico da Língua Portuguesa

Direitos desta edição adquiridos
EDITORA CIVILIZAÇÃO BRASILEIRA
Um selo da
EDITORA JOSÉ OLYMPIO LTDA.
Rua Argentina, 171 – Rio de Janeiro, RJ – 20921-380 –
Tel.: (21) 2585-2000

Seja um leitor preferencial Record.
Cadastre-se e receba informações sobre nossos lançamentos e nossas promoções.

Atendimento e venda direta ao leitor:
sac@record.com.br

Impresso no Brasil
2022

*"La beauté sera **convulsive** ou ne sera pas."**

A. BRETON, *NADJA*

---

*Breton, A. Nadja. *In:* Breton, A. *Oeuvres Complètes*. Volume I. Paris, Gallimard, 1988, p. 753.

Para Thaís, por tudo.
Para Renata, Daniela e Pedro, meus filhos.

Sumário

INTRODUÇÃO *11*

CAPÍTULO I
Um passo à frente e dois atrás? *15*

CAPÍTULO II
Do sexo único à diferença sexual *31*

CAPÍTULO III
Padecem as mães no paraíso? *53*

CAPÍTULO IV
Erotizar ainda é possível? *69*

CAPÍTULO V
Possuídos, nervosos e degenerados *81*

CAPÍTULO VI
Uma desconstrução do biopoder? *121*

CAPÍTULO VII
Nem tudo são flores *169*

CAPÍTULO VIII
Um lance de dados? *221*

BIBLIOGRAFIA CITADA *245*

Introdução

A finalidade deste livro é realizar uma leitura sistemática do conceito de **feminilidade** e de sexualidade **feminina** em psicanálise, percorrendo, para isso, as diferentes linhas de desenvolvimento que se podem encontrar no discurso freudiano. Como se verá ao longo deste ensaio, estes conceitos seriam bem diferenciados neste discurso, considerado como um todo. Enquanto palavras, nas quais se conjugam diversos universos semânticos e diferentes linhas de força, as noções de feminino e feminilidade são a encruzilhada não apenas de muitas exigências teóricas, mas de imperativos éticos. No interior do discurso freudiano, ao longo de todo o seu percurso, é possível depreender esse conjunto de imposições que o permeiam, que do **pré-conceito** ao **conceito** incidiram sobre sua construção. Minha finalidade aqui é procurar desenredar e desvendar algumas dessas encruzilhadas conceituais, que, como todos os **jogos de linguagem**, funcionam também como **formas de vida**,[1] isto é, têm consequências reais sobre o corpo e a subjetividade.

Para empreender esse trabalho de desenredamento e desvendamento dessas palavras, no contexto do discurso freudiano, lançarei mão da leitura das **matrizes** constitutivas do pensa-

---

[1] Wittgenstein, L. *Investigações filosóficas*. Coleção Os Pensadores. São Paulo, Abril Cultural, 1979.

JOEL BIRMAN

mento psicanalítico. Vale dizer, ao lado de uma estrita leitura epistemológica da retórica freudiana, pretendo lançar mão também de interpretações de ordem histórica e genealógica,[2,3] que nos permitiriam melhor apreender as linhas de força que seriam constitutivas do discurso psicanalítico. Para não rodar no seco e assim cair no vazio, o que as leituras estritamente conceituais desse discurso com frequência provocam, é preciso conjugar, do ponto de vista epistemológico, a análise interna à externa.[4] Vale dizer, é preciso pensar nas condições de possibilidade dos conceitos em questão na sua relação interna com o discurso psicanalítico e com as condições históricas concretas deste último. Daí o recurso à história e à genealogia, subsumindo-as às exigências principalmente epistemológicas.

Nessa perspectiva, considerarei devidamente no percurso os modelos constituídos no Ocidente para pensar a construção dos gêneros e a existência de erogeneidades masculina e feminina diferentes. Além disso, pretendo me ater bastante à leitura da **histeria**, tanto na sua inscrição na sociedade antiga quanto na modernidade, considerando as interpretações realizadas pela neuropatologia, pela psiquiatria e pela psicanálise. Finalmente, sublinharei a posição estratégica ocupada pela histeria na modernidade, naquilo que Foucault denominou de biopoder e bio-história,[5] modalidades teóricas de pensar no gigantesco

---

[2]Foucault, M. *Surveiller et punir*. Paris, Gallimard, 1974.
[3]Foucault, M. "Nietzsche, la généalogie, l'histoire". *In*: Foucault, M. *Dits et écrits*. Volume II. Paris, Gallimard, 1994.
[4]Canguilhem, G. "L'Objet de l'histoire des sciences". *In*: Canguilhem, G. *Études d'histoire et de philosophie des sciences*. Paris, Vrin, 1968.
[5]Foucault, M. *Volonté de savoir. Histoire de la sexualité*. Volume 1. Paris, Gallimard, 1976.

processo de medicalização do Ocidente iniciado no final do século XVIII e ainda presente nos dias de hoje. Este processo transformou radicalmente não apenas as nossas relações com a vida e a morte, mas as formas de conceber a subjetividade e o erotismo.

A totalidade desta pesquisa pretende confluir para a leitura do discurso freudiano nas suas diferentes interpretações formuladas sobre a **histeria**, a **diferença sexual** e a **feminilidade**. O objetivo é, portanto, mostrar as ambiguidades que permearam aquele discurso no que concerne a tais problemáticas, mas que lhes são, em contrapartida, constitutivas e fundamentais. Pretendo mostrar, sobretudo, a presença, no discurso freudiano, de diferentes **gramáticas do erotismo,** de maneira que a leitura da sexualidade feminina fundada na figura do falo estabelece uma relação de paradoxo e ambiguidade com o conceito freudiano de feminilidade.

Enfim, foi para a leitura crítica dessas ambiguidades e paradoxos que me vi impulsionado na realização deste trabalho.[6] Por isso mesmo, sublinhei com bastante insistência estes e aquelas, para conferir todo o relevo possível à leitura destas ambiguidades e paradoxos. Foi para abrir um horizonte crítico na psicanálise de hoje, procurando inscrevê-la no mundo conturbado da pós--modernidade, que esta investigação foi concebida.

---

[6]Tudo isso constitui uma linha de pesquisa iniciada há oito anos, realizada no Programa de Pós-Graduação de Teoria Psicanalítica da Universidade Federal do Rio de Janeiro e do Programa de Pós-Graduação de Saúde Coletiva da Universidade do Estado do Rio de Janeiro, para a qual contei com a colaboração da Capes e do CNPq. Essa linha de pesquisa foi a condição de possibilidades para inúmeras dissertações de mestrado e teses de doutoramento realizadas em ambas as instituições.

CAPÍTULO I

Um passo à frente e dois atrás?

O discurso freudiano sobre o feminino é perpassado por múltiplas contradições e ambiguidades — é o mínimo que se pode dizer a seu propósito. Este é o grau zero do reconhecimento que se pode ter aqui, sobre a maneira pela qual a psicanálise forjou sua leitura sobre a subjetividade da mulher e da condição feminina. Reconhecimento fundamental este, que, diga-se de passagem, não apenas se **pode** ter, mas também se **deve** ter. A dimensão de imperativo é o ponto de partida desse desenvolvimento, que deve estar sempre presente para nós ao longo de todo o percurso.

Como os imperativos, no entanto, impõem-se de forma categórica e insofismável, é preciso que se possam enunciar alguns indicadores, se possível literais e patentes, daquelas contradições e ambiguidades, para que o imperativo em pauta não soe como uma imposição incontornável, mas, ao contrário, como o ponto de chegada de uma longa e tortuosa inquietação por mim percorrida. O que enuncio aqui como uma afirmação insofismável e quase como um imperativo é, pois, a resultante de um permanente processo de indagação em que mergulhei há muito tempo. O que ofereço ao leitor, então, desde o princípio deste ensaio, é a conclusão de um longo e demorado percurso pelas sendas do feminino em psicanálise. Cabe a mim, portanto, indicar as razões pelas quais a conclusão se impôs para mim de maneira insofismável e quase como um imperativo, acima de qualquer dúvida. É o que pretendo tecer ao longo deste ensaio.

Começarei por apontar alguns dos indicadores patentes das contradições e ambiguidades, no registro textual. Não tenho a intenção de ser exaustivo, bem entendido, mas apenas de pontuar algumas das oposições e signos mais flagrantes. Além disso, não pretendo desenvolvê-las agora, mas adiar sua indagação para momentos posteriores dessa incursão crítica. Minha intenção inicial é apenas destacar o bem fundado de meu enunciado polêmico e do quase imperativo formulado, para em seguida esboçar os eixos teóricos que pretendo desenvolver neste ensaio, para demonstrar minhas afirmações.

Assim, quais são os indicadores patentes das ambiguidades e contradições do discurso freudiano sobre a feminilidade? O que nos oferece o registro dos textos a esse respeito? A que nós e entrelaçamentos discursivos aqui me refiro para enunciar algo sobre os impasses da leitura freudiana da condição da mulher? Esta é a nossa questão inicial, o preâmbulo dessa incursão crítica, para que o quase imperativo enunciado não se transforme numa arbitrariedade e numa imposição leviana da minha parte. Caminhemos inicialmente, pois, pelas incoerências evidentes do texto de Freud no que tange à problemática do feminino.

I. CONTRADIÇÕES E AMBIGUIDADES

Com efeito, se, por um lado, aquele discurso deu de fato voz e direito à fala para as mulheres desde os seus primórdios, pela positivação da histeria no final do século XIX,[7] realizou também, ao lado disso, uma leitura do psiquismo feminino pela qual este seria marcado pelas impossibilidades de sublimação e de restrições eloquentes na ordem do pensamento.[8] Esta patente contradição está no fundamento de todas as outras, que se enunciam como efeitos em cascata dessa formulação primordial.

Pode-se depreender, sem muita astúcia, que existe uma diferença temporal significativa entre a primeira e a segunda formulação. De fato, a primeira se forjou nas páginas inaugurais dos "Estudos sobre a histeria" enquanto a outra se teceu nos textos tardios sobre a feminilidade. No tempo total da obra e da ordem freudiana do discurso, no entanto, essa incoerência é patente e salta imediatamente aos nossos olhos e ouvidos. O que se teria passado, então, nesse denso intervalo de trinta anos, no qual se constituiu toda uma obra, para que um segundo enunciado crítico da primeira formulação fosse forjado? Tentarei responder minuciosamente à questão ao longo desse percurso.

Entretanto, isso já nos evidencia que o discurso freudiano será auscultado, aqui, na sua **espessura temporal**, na medida em que as incoerências de seus enunciados se revelam na trama diacrônica dos desdobramentos. Não se pode então perder de vista essa perspectiva, já que estará presente no **método de leitura** aqui proposto para a indagação sistemática da interpretação freudiana do ser do feminino.

---

[7]Freud, S., Breuer, J. *Études sur l'hystérie* (1895). Paris, Presses Universitaires de France, 1971.

[8]Freud, S. "Quelques conséquences psychiques de la différence anatomique entre les sexes" (1925). *In*: Freud, S. *La Vie sexuelle*. Paris, Presses Universitaires de France, 1973.

É ainda pela consideração desse **gap** temporal na ordem freudiana do discurso que se pode também escutar outra contradição patente do discurso freudiano sobre a feminilidade. Com efeito, se de início a obra civilizatória foi considerada como algo produzido pela virtude e graça das mulheres, pelas sendas da **maternidade**,[9] depois, contudo, aquelas foram consideradas essencialmente anticivilizatórias, pelas demandas imperativas do **desejo** e do **erotismo** daquelas.[10] Pode-se sublinhar aqui o enunciado de uma oposição eloquente entre os eixos da maternidade e do desejo no que tange à condição feminina, de forma que, se pela dimensão da maternidade as mulheres se inscrevem no trabalho incansável de construção da civilização, pela vertente do desejo elas seriam um obstáculo intransponível ao processo civilizatório. Qual o significado dessa dissonância conceitual sobre o ser do feminino, que entre maternidade e desejo se transformaria inapelavelmente de catalisador da construção civilizatória em seu oposto, isto é, em destruidor e coveiro desta?

Não precisamos responder a isso, pelo menos por ora. Porém, seria a oposição entre maternidade e erotismo no ser da mulher que convergiria, como uma resultante destacada, para a interpretação freudiana de um traço maior do feminino. Quero me referir à **inveja**, marca eloquente do psiquismo feminino na escuta de Freud. Com efeito, a inveja do pênis/falo seria o motor crucial do funcionamento psíquico das mulheres. Porém, ainda aqui se pode entrever outra contradição manifesta do discurso

---

[9]Freud, S. "La Morale sexuelle 'civilisée' et la maladie nerveuse des temps modernes" (1908). *In*: Freud, S. *La Vie sexuelle. Op. cit.*
[10]Freud, S. *Malaise dans la civilisation* (1930). Paris, Presses Universitaires de France, 1971.

freudiano sobre a mulher. Assim, se a mulher seria perpassada pela inveja, traço maior do seu ser — marcada que seria pela inferioridade genital por ser despossuída da magnificência do pênis/falo —, em contrapartida inscreveria o falo na totalidade do seu corpo, que pela **sedução** e pela **beleza** escravizariam os homens ao seu fascínio.[11] A falácia feminina estaria justamente na pretensão das mulheres de quererem fazer crer que teriam o falo incrustado no seu corpo.

Nessa medida, o **falo** circularia livremente como um duende e um espírito, deslocando-se paradoxalmente como uma materialidade e um potente órgão de gozo, entre o pênis masculino e o corpo feminino. Nessas diversas incrustações corpóreas, no entanto, o falo seria sempre um operador de sedução, fascinando igualmente homens e mulheres pelo seu atributo maior, isto é, o de fazer gozar. Como se sabe, Freud concebeu o pênis na categoria de **objeto parcial**, inscrevendo-o numa série de equivalências fundada no prazer, que, do seio e das fezes, passando pelo bebê, poderiam oferecer ao sujeito a possibilidade de gozar.[12] Contudo, se o pênis foi indubitavelmente relativizado nessa seriação do prazer e do desejo, manteve seu lugar de destaque e eloquência no campo diversificado dos objetos parciais.

Por que isso? Devemos nos indagar sobre este tópico, é óbvio. A resposta de Freud para isso é clara. A destacada posição atribuída ao pênis inscreve-se na trama do complexo de Édipo,

---

[11]Freud, S. "Pour introduire le narcissisme" (1914). *In*: Freud, S. *La Vie sexuelle.* *Op. cit.*

[12]Freud, S. "Sur les transpositions de pulsions plus particulièrement dans l'érotisme anal" (1917). *Idem.*

na medida em que este definiria não apenas a diferença de sexos e a ruptura das gerações, mas as identificações sexuadas na subjetividade, superando e redefinindo os objetos parciais anteriores da história libidinal do sujeito.

No entanto, isso não dá conta inteiramente do fato de que o pênis perdeu seu **valor relativo** na série dos objetos parciais, sendo alçado a uma posição de **valor absoluto**. Daí por que a expressão **inveja do pênis** se inscreve no discurso freudiano sobre o feminino de maneira saliente.

Evidentemente, o conjunto dessas contradições e ambiguidades ruidosas do discurso freudiano teve efeitos marcantes no imaginário ocidental, que tomou aquelas e estas como signos de uma leitura inferiorizante do ser da mulher. Nessa leitura, existiria, para Freud, uma relação **hierárquica** entre homem e mulher, pela qual o polo masculino assumiria indiscutivelmente uma posição superior em face do feminino. Entre as figuras do homem e da mulher existiria não apenas a relação entre o superior e o inferior — dados os atributos valorativos conferidos a cada uma das figuras em pauta —, mas uma hierarquia inscrita na ordem da natureza. Essa **naturalização** da hierarquia entre os sexos, formulada em termos libidinais pelo discurso freudiano, fundou-se numa concepção sobre o sentido da **diferença sexual**. De qualquer maneira, a diferença sexual foi concebida naquele discurso como algo inerente à natureza dos sexos, esboçada agora em termos psíquicos e não mais estritamente biológicos. No entanto, uma **ontologia dos sexos** foi efetivamente concebida a partir de essências diferenciadas. Para mim, isso parece indubitável.

O que me parece mais importante é procurar circunscrever não apenas os fundamentos teórico e histórico dessa nova interpretação sobre a diferença sexual, mas também todos os seus desdobramentos e consequências, no registro histórico dos processos de subjetivação.

II. PSICANÁLISE E FEMINISMO

Os discursos feministas, principalmente nos seus momentos mais heroicos e aguerridos, tomaram a psicanálise como um dos signos privilegiados da moral machista e do sexismo. Aquela se transformou, por isso mesmo, em alvo de combate para o feminismo militante. A evidente hierarquia dos sexos no discurso freudiano — não obstante a intenção deliberada de Freud de pensar em novas bases a diferença sexual — fez da psicanálise um lugar estratégico de combate para o feminino. Na retomada militante da palavra de ordem igualitária entre os sexos dos anos 60, pela qual se procurou passar da palavra ao ato os pressupostos igualitários da cidadania promulgados pela Revolução Francesa, o feminismo pretendeu romper com a hierarquia valorativa entre o masculino e o feminino. Para isso, estabeleceu um confronto direto com os discursos que pensavam aquela hierarquia em termos ontológicos, já que necessário seria realizar a **desconstrução** daqueles discursos que sustentavam a hierarquia e a dominação entre os sexos. Foi nesse contexto, portanto, que a psicanálise se transformou então num dos focos destacados de confrontação do feminismo, na medida em que procurava fundar as diferentes inserções dos sexos nas práticas sociais, com evidente desvantagem para as mulheres.

Pode-se afirmar, sem pestanejar, que o feminismo está certo em sua contestação à psicanálise, já que esta se configurou historicamente, de maneira indubitável, como um dos redutos do pensamento patriarcal na modernidade? Ou, então, poder-se-ia dizer que, não obstante as diversas contradições e ambiguidades, o discurso freudiano é muito mais sutil no que tange à sua leitura do feminino? É esta oposição que deve ser aqui trabalhada de maneira pertinente e consistente para que se possam responder, de forma concisa, às interrogações acima levantadas. Esta é a questão primordial que estará presente ao longo de todo este desenvolvimento.

Acredito que ambas as formulações enunciadas se sustentam efetivamente, mas que se inscrevem em níveis diversos de realidade. Esta é uma de minhas hipóteses de trabalho neste ensaio. É a circunscrição cuidadosa desses diferentes campos do real que precisa ser aqui delimitada e bem costurada para que possamos nos deslocar de uma oposição absoluta e perigosa entre os dois enunciados cortantes e trabalhar, então, no registro de suas interlocuções possíveis. Seria preciso encontrar as instâncias de **mediação** desses enumerados para então discutir adequadamente suas evidentes dissonâncias.

De qualquer maneira, é preciso que se diga logo, sem ilusões, que o feminismo tem parcialmente razão na crítica que empreendeu à razão psicanalítica, na medida em que esta formulou uma leitura hierárquica da diferença sexual. A promoção incontestável da figura da maternidade no discurso psicanalítico, mediante a qual o feminino se faria mulher de maneira indiscutível, é o traço mais eloquente disso. Esta seria, sem dúvida, a marca maior da moral do patriarcado presente no discurso freudiano. Com isso, Freud inscreve-se inapelavelmente na vertente da tradição no que concerne à reflexão sobre a diferença entre os sexos.

É claro que Freud se referiu a outros destinos possíveis para o feminino, além da maternidade, deslocando-se, pois, de uma espécie de predeterminação biológica dos diferentes sexos. Promoveu, com isso, uma leitura histórica para os destinos do feminino delineando para essas diferentes possibilidades. Porém, se as mulheres poderiam ter outros destinos históricos e subjetivos, tais como a inibição sexual, a histeria e a virilização,[13] não resta dúvida de que, para o discurso freudiano, a maternidade seria a forma por excelência de realização do ser da mulher. Vale dizer, sem a maternidade a mulher não seria mulher de verdade, do estrito ponto de vista libidinal. Enfim, pelas diferentes configurações da inibição sexual, da histeria e da virilização, as mulheres estariam inscritas nos campos da anomalia e até mesmo da franca patologia libidinal, afastando-se, decididamente, do encontro com a plena feminilidade, que apenas se daria com a assunção da maternidade.

Parece-me que tudo isso é absolutamente correto. Este é o ponto maior de estrangulamento teórico da leitura freudiana sobre a feminilidade, mas não é tudo. Trata-se apenas de um dos lados da interpretação psicanalítica do feminino. Existe outro, que deve ser também sublinhado e considerado. Não se pode

---

[13]A esse respeito, ver Freud, S. "Quelques conséquences psychiques de la différence anatomique entre les sexes" (1925). *In*: Freud, S. *La Vie sexuelle. Op. cit.*, Freud, S. "Sur la sexualité féminine" (1931). *Idem*; Freud, S. "La Féminité". *In*: Freud, S. *Nouvelles conférences sur la psychanalyse* (1932). Paris, Gallimard, 1936.

esquecer ou deixar de considerar esse outro lado, pois algo de precioso se perderia assim na interpretação do discurso freudiano do feminino. Vale dizer que este discurso é algo bem mais sutil, tortuoso e sobretudo muito mais contraditório na interpretação que empreende do feminino do que nos faz crer uma leitura superficial e rápida. É preciso, pois, certa prudência e sobretudo muita cautela nessa leitura, para que se possa seguir sem ingenuidades a rota cortante da paciência do conceito.

III. DO QUE SE TRATA?

A intenção maior deste ensaio é procurar interpretar os eixos constitutivos do discurso freudiano sobre a feminilidade, buscando para tal circunscrever devidamente a noção de diferença sexual que se forjou no campo deste discurso. Parece-me que as contradições e ambiguidades maiores promovidas pela leitura freudiana da condição feminina se devem à forma pela qual a concepção de diferença sexual foi construída naquele discurso. Destaca-se aqui, de maneira eloquente, a figura do **falo**, operador teórico maior da diferença sexual. **Ter** ou **não ter** o falo, ou, então, **ser** ou **não ser** o falo se enunciaram como as aporias teóricas maiores que delineariam o campo matizado da diferença sexual.

Porém, isso ainda não é tudo. Empreender uma leitura que permaneça somente no registro dos enunciados freudianos parece-me francamente insuficiente. Essa é a condição necessária desta leitura, mas não é suficiente. Para que possamos nos deslocar do registro do necessário para o do suficiente, é preciso que adentremos decididamente as condições de **enunciação** do discurso freudiano. Estas condições não são apenas de ordem teórica, bem entendido, mas também de ordem histórica. Vale dizer, é preciso que se pense também nas condições de possibilidade do discurso freudiano sobre a diferença sexual para que se possa apreender, então, em estado nascente, as contradições e ambiguidades sobre o feminino forjadas naquele discurso.

Assim, é preciso delimitar devidamente as **matrizes** sobre as quais se fundou o discurso freudiano sobre a sexualidade e a diferença sexual. Aquelas não são apenas teóricas e conceituais, pelo contrário, supõe-se aqui que vão muito além disso. Trata-se de matrizes **antropológicas** que se inscreveram no tempo histórico da **modernidade**. Freud foi herdeiro dessas matrizes, sem dúvida, mas submeteu-as a uma reinterpretação psicanalítica. Vale dizer, Freud construiu certos conceitos a partir dessas matrizes, mas, em contrapartida, seus conceitos se infletiram decididamente sobre o ser das matrizes que herdou, reconfigurando-as, então, com certa originalidade. Dessa maneira, as matrizes adquiriram outra consistência e novos horizontes. É este percurso complexo, marcado por idas e vindas, por torções e retorções, que precisa ser aqui bem evidenciado. Isso porque o discurso freudiano foi indiscutivelmente marcado por um **solo** histórico e epistemológico que em muito lhe transcendia, mas aquele desenhou efetivamente um destino específico para este com os conceitos psicanalíticos que enunciou.

Com efeito, a noção de diferença sexual se constituiu firmemente no imaginário cultural do Ocidente na virada do século XVIII para o XIX, a partir das contradições sociais produzidas pelo ideário igualitário constituído pela Revolução Francesa.

Nesses termos, é preciso se indagar, antes de mais nada, sobre os efeitos do igualitarismo dos direitos dos cidadãos na construção do **paradigma** teórico da diferença sexual. Seria, pois, este paradigma, assim produzido como sua condição histórica de possibilidade, que estaria no fundamento da indagação freudiana sobre a diferença sexual. Enfim, sem que esses liames sejam estabelecidos e bem esboçados aqui é bastante difícil e, creio eu, até impossível compreender efetivamente o discurso freudiano sobre a feminilidade e a masculinidade.

Além disso, é preciso sublinhar enfaticamente que a relação do discurso freudiano com este solo histórico foi marcada pelo **paradoxo** e pela **contradição**. Com isso, produziram-se não apenas diferentes ambiguidades daquele discurso em relação ao seu solo fundador, como também ruídos e ambiguidades outras no interior do discurso freudiano sobre a diferença sexual. Vale dizer, esse discurso caminhou parcialmente considerando o bem fundado daquela diferença antropológica, assumindo, pois, os valores veiculados pelo paradigma dominante. Porém, também parcialmente os rejeitou, promovendo avanços significativos em relação a tais valores, como veremos ainda. Produziu-se aqui uma evidente **dissonância cognitiva**, que precisa ser muito bem aquilatada nos seus próprios termos. O conceito de feminilidade, forjado no final do percurso freudiano, é uma das maiores evidências disso.[14] Pela proposição daquele conceito, a feminilidade se diferenciaria tanto da sexualidade masculina quanto da

---

[14]Freud, S. "L'Analyse avec fin et l'analyse sans fin" (1937). *In*: Freud, S. *Résultats, Idées, Problèmes*. Volume II. Paris, Presses Universitaires de France, 1992.

feminina, lançando, pois, uma nova luz não apenas sobre o ser do feminino, mas também para outra leitura possível sobre a masculinidade.

É nesse patamar contraditório e nesse limiar crítico que se estabelece o essencial desta discussão, no meu entender. É nesse registro que se delineia a nervura maior desta polêmica teórica, que se desdobra numa polêmica também de ordem ética e política. É para esse patamar contraditório que temos de nos voltar para apreender nesse limiar crítico os parâmetros maiores desta polêmica, que ainda está em curso nos dias atuais, nos novos desacordos existentes entre psicanálise e feminismo. Na atualidade foram formulados novos enunciados entre os interlocutores, sem dúvida, mas ainda persiste o desacordo entre os campos.

Assim, procurarei inicialmente estabelecer os traços fundamentais do moderno discurso sobre a diferença sexual e suas transformações significativas em relação ao discurso da Antiguidade sobre a construção dos sexos. Em seguida, indicarei os avanços e recuos do discurso freudiano em face do paradigma moderno da diferença sexual, sublinhando principalmente os paradoxos e as contradições. Finalmente, pretendo dizer como Freud buscou uma solução para os paradoxos e as contradições construídas ao longo do seu percurso teórico e que lhe marcaram de modo indelével nesse desenvolvimento.

Isso, bem entendido, se considerarmos que existem soluções efetivas para tal. O que é uma aposta que realizamos aqui. Aposta essa que implica uma ética e se desdobra numa política.

Serão estes, assim, os meus encaminhamentos maiores aqui, nessas sendas sempre obscuras e problemáticas do feminino no discurso freudiano. Entre um passo à frente e dois atrás, para parafrasear um famoso título de Lênin sobre a derrotada Revolução Russa de 1905, será este, enfim, o meu percurso crítico sobre o feminino em psicanálise.

CAPÍTULO II   # Do sexo único à diferença sexual

A constituição de um discurso sobre a **diferença sexual** é um acontecimento bastante recente na história do Ocidente, não obstante a naturalização daquele discurso. Com efeito, apenas no final do século XVIII e no início do século XIX teria se forjado um discurso sistemático sobre esta diferença, pois até então os sexos eram concebidos de maneira hierárquica, sendo sempre regulados pelo modelo masculino. Este era figurado de maneira indiscutível como o sexo perfeito. Foi este último modelo que prevaleceu, como referência e paradigma, na tradição ocidental desde a Antiguidade. Deslocamo-nos, portanto, de um paradigma fundado no **sexo único** para outro no qual existiriam dois sexos, distintos e bem diferenciados.[15]

Passar a conceber os sexos como essencialmente diferenciados não era apenas um exercício brilhante de argúcia teórica e acumulação de novas informações biológicas sobre a natureza dos sexos, mas, principalmente, outra forma de percepção e representação da diversidade sexual, que teve então efeitos

---

[15]A esse respeito, ver: Laqueur, T. *La Fabrique du sexe*. Paris, Gallimard, 1992; Laqueur, T. "Orgasm, generation, and the politics reproductive biologie". *In*: Gallager, C., Laqueur, T. *The Making of Modern Body*. Califórnia, California Press, 1984.

bastante salientes nas práticas sociais. Da mesma maneira, o antigo paradigma do sexo único, com a postulada hierarquia entre o masculino e o feminino, não se limitava apenas ao deleite contemplativo dos sábios, mas desdobrava-se também em consequências cruciais para as práticas das relações sociais entre os gêneros. Já que convivemos de maneira naturalizada com o modelo da diferença sexual há duzentos anos pelo menos e, assim, perdemos de vista sua relatividade histórica, é preciso que se enuncie com clareza o que tudo isso significa. É preciso então desnaturalizar essa questão, inscrevendo-a decididamente na temporalidade histórica.

I. A DIFERENÇA SEXUAL E A IGUALDADE DOS DIREITOS

Assim, o novo paradigma da diferença sexual que se instituiu então como um imperativo teceu-se pela reflexão e pela pesquisa, pela formulação do postulado da existência de uma diversidade radical de fundamentos sobre o ser do homem e o ser da mulher. Estes teriam, assim, **essências** diferentes, que seriam então irredutíveis entre si. Nesse contexto, não existiria qualquer possibilidade de reversibilidade entre os sexos, dado que suas essências seriam radicalmente diferentes. Isso quer dizer, portanto, que ser homem e ser mulher passaram a ser então concebidos como matrizes da **natureza** plenamente diferenciadas e absolutamente inconfundíveis.

Constituiu-se aqui uma leitura **naturalista** da diversidade sexual. Com efeito, a natureza diferenciada dos sexos foi concebida como algo de ordem estritamente biológica. Seria

GRAMÁTICAS DO EROTISMO

a biologia, nos seus aspectos anatômico e fisiológico, que funcionaria como divisor de águas na natureza, diferenciando de maneira cortante o ser do macho e o ser da fêmea. Desse substrato essencial se constituiria, então, o fundamento destes. Portanto, essas essências diferentes esboçariam os horizontes possíveis e diversificados para a inserção do macho e da fêmea não apenas nas relações entre si, mas também nas suas inscrições no espaço social. Seriam, então, as essências naturais diferentes que delineariam as **possibilidades** e as **finalidades** sociais diversas para os sexos. Enfim, o discurso da diferença sexual esboçaria uma **ontologia** dos diversos sexos, que se discriminariam definitivamente, isto é, de forma incontornável e irreversível.

Estaria justamente aí a marca insofismável da modernidade. Com efeito, o paradigma da diferença sexual é fundante e correlato da modernidade no Ocidente. Isso porque, até o final do século XVIII, o modelo do sexo único dominava ainda o imaginário sexual da nossa tradição. Este modelo, constituído na Antiguidade, teve, no entanto, uma perenidade impressionante nesta tradição. Não obstante os ruídos provocados pelo novo modelo da diferença sexual — que já apareciam, aqui e ali, desde o início do século XVII —, o paradigma do século único mostrou ainda, de maneira surpreendente, sua pregnância até o final do século XVIII, quando a igualdade de direitos dos cidadãos se impôs de modo irreversível, como decorrência direta das exigências forjadas pela Revolução Francesa.

De acordo com Laqueur, foi a igualdade dos direitos dos cidadãos, propagada e sustentada ao longo do século XVIII, que subverteu definitivamente o modelo hierárquico do sexo único imperante no Ocidente desde a Antiguidade.[16] Seria, portanto, a impossibilidade de sustentar a hierarquia entre o homem e a mulher pelo paradigma do sexo único, em função do discurso da igualdade dos cidadãos diante da lei, que teria solapado tal paradigma, construído no mundo greco-romano, e criado as condições concretas de possibilidade para a construção de outro modelo sexual.

Com efeito, como seria possível sustentar uma hierarquia entre o homem e a mulher diante do imperativo jurídico da igualdade de direitos? Foi justamente este paradoxo que funcionou como condição histórica de possibilidade para a constituição do discurso da diferença sexual. De acordo com o moderno paradigma da diferença, a inserção funcional dos diversos sexos no espaço social se fundaria agora nas suas finalidades biológicas diversas.

Porém, é fundamental sublinhar que a hierarquia entre os sexos não deixou absolutamente de existir, mas foi apenas deslocada e passou a se fundar no registro biológico da natureza. Com efeito, as diferentes inserções sociais dos sexos passaram a ser legitimadas agora pelo determinismo natural dos corpos, que delineavam então horizontes diversos e bem discriminados para o macho e a fêmea. De tudo isso, pode-se depreender que os poderes hierarquizados entre os sexos ganharam agora novo contorno, fundando-se numa caução biológica, sendo aqueles legitimados, enfim, pelo discurso da ciência.

Para que se possa compreender, adequadamente, a dimensão e o alcance da transformação e as consequências dessa interpre-

---

[16]*Ibidem.*

II. SEXO ÚNICO

O modelo do sexo único e da relação hierárquica entre o homem e a mulher foi construído na Antiguidade, como já afirmamos. Se Galeno foi o responsável pela versão final deste paradigma,[17] foi Aristóteles, contudo, quem estabeleceu seus alicerces fundamentais. Com efeito, sem as reflexões deste sobre a reprodução e a geração, aliada à teoria grega dos quatro elementos e dos humores, teria sido impossível a construção galênica estar fadada a uma longa história.

Assim, partindo de sua teoria das quatro causas — material, formal, eficiente e final —, Aristóteles concebeu a geração como diversamente distribuída entre as figuras do homem e da mulher. Com efeito, se a mulher seria a sede e o vetor da causa **material** da geração, caberia ao homem o poder da causa formal. Sendo essas causas concebidas de maneira hierárquica na ontologia aristotélica — isto é, a causa **formal** sendo considerada superior e a causa material, inferior —, a superioridade masculina estaria propriamente inscrita em **ato** na própria geração dos seres, já que sem a forma de nada valeria a matriz feminina na sua materialidade bruta. Seria aquela, pois, que imprimiria definitivamente seu traço sobre esta, produzindo então uma

---

[17]*Ibidem.*

hierarquia indelével entre o ser masculino e o ser feminino no ato da geração.

A figura do macho então seria a responsável pela transmissão da humanidade propriamente dita, já que apenas aquele seria o portador do princípio divino. Isso porque a forma, enquanto essência, seria o ato, sendo esta, pois, a perfeição em que se transmite a marca do divino. Por isso mesmo, o macho seria, ontologicamente falando, o princípio motor e gerador, isto é, o único ser que poderia engendrar um outro. Em contrapartida, a figura da fêmea, enquanto matéria, esperaria passivamente para ser engendrada. A figura do macho seria, pois, **atividade**, e a da fêmea, **passividade**. Enfim, o macho seria o artesão, que com a forma engendra o ser, enquanto a fêmea ofereceria apenas a matéria sobre a qual o macho trabalharia a sua artesania divina.[18]

Galeno trabalhou sobre esse terreno inicial forjado por Aristóteles, complexificando-o bastante, contudo, pela introdução da teoria dos humores. Para aquele, com efeito, seria a presença e a dominância do humor **quente** no ato da geração que produziria o sexo masculino e sua ausência, o feminino. Assim, seria a dominância do quente enquanto tal que condensaria em si as virtudes do masculino, enquanto o feminino seria forjado pela sua ausência ou pela sua subalternidade na circulação geral dos humores. Portanto, a morfologia corporal seria decorrente da circulação dos humores.

Com efeito, o equilíbrio entre os humores configuraria a morfologia genital dos sexos. Porém, o humor quente seria, além

---

[18]A esse respeito, ver: Aristóteles, *De la génération et de la corruption*. Paris, Belles Lettres, 1967; Aristóteles, *La Métaphysique*. Volume I, E. Paris, Vrin, 1964.

disso, o responsável pela distribuição daquela morfologia tanto no corpo quanto no espaço. Isso porque Galeno supunha existir uma **equivalência** bem precisa entre cada um dos elementos presentes nos aparelhos genitais do homem e da mulher. Haveria então uma **homologia** precisa entre as genitálias no macho e na fêmea. Daí o paradigma do sexo único. Contudo, não obstante a equivalência e a homologia morfológicas, as formas se discriminariam minimamente e se inscreveriam ainda de maneiras opostas no espaço, de acordo com a presença/ausência do humor quente nos corpos.

Com efeito, a morfologia assumida pela genitália masculina, assim como sua **projeção** no **espaço exterior**, seria devida às virtudes do humor quente. Em contrapartida, as formas anatômicas da genitália feminina e sua inclusão no **espaço interior** do corpo seriam decorrentes da ausência ou da subalternidade do humor quente no corpo das mulheres. Com isso, enfim, a **invaginação** dos diversos elementos da genitália feminina seria a consequência direta da ausência relativa do humor quente na circulação humoral no corpo das mulheres.[19]

Pode-se depreender dessa leitura como os polos masculino e feminino se oporiam como a **luminosidade** e a **obscuridade**, já que o masculino se associaria, pela projeção para fora, com a exterioridade, enquanto o feminino se ligaria, pela invaginação, com a interioridade. Esta oposição se desdobraria em outra, pela qual a **verdade** estaria no polo masculino, considerando-se que a luminosidade se articularia com a via da verdade, enquanto o feminino pela escuridão, isto é, com a **não verdade**. Além disso,

---

[19]Laqueur, T. *La Fabrique du sexe. Op. cit.*

é preciso evocar que o polo masculino seria a representação da **atividade** e da **ação**, isto é, o que faz protuberância e penetra no espaço exterior, enquanto o feminino seria a representação da **passividade** e da **recepção**. Enfim, todas essas oposições estariam condensadas e intrincadas na oposição maior dentro/fora, regulada pelo humor quente.

Nesse contexto, a equivalência e a homologia morfológicas entre os sexos se inscrevem numa lógica marcadamente hierárquica. As várias oposições acima destacadas já revelam evidentemente as linhas de força presentes na arquitetura hierárquica entre os sexos. Com efeito, o polo masculino seria caracterizado pela **perfeição**, como já dissera Aristóteles ao aproximá-lo do divino, enquanto o polo feminino seria marcado, no seu ser, pela **imperfeição**, dada a ausência do humor quente. Contudo, na medida mesmo em que o sexo era considerado único, existiria sempre a possibilidade de transformação de um no outro, desde que, evidentemente, a hierarquia entre eles fosse respeitada em sua lógica infalível.

Nessa perspectiva, o feminino poderia ser transformado no masculino, desde que o humor quente pudesse se tornar dominante no corpo da mulher. Com isso, a invaginação morfológica da genitália feminina seria projetada para o exterior e para fora, de forma que a fêmea se tornaria finalmente macho. Consequentemente, a passividade se transmutaria então em atividade, a recepção em ação e a obscuridade se faria subitamente luz. Enfim, a verdade se imporia efetivamente sobre a não verdade, no lusco-fusco da transformação tópica regulada pelo humor quente.

Portanto, a equivalência virtual entre o masculino e o feminino possibilitaria, pois, a transformação do segundo no primeiro, mas masculino não poderia jamais se tornar feminino. Isso porque o imperfeito poderia ser transformado no perfeito, desde que a presença do humor quente pudesse ser o operador da transformação, de acordo com os pressupostos valorativos presentes da lógica hierárquica. No entanto, não existiria reciprocidade entre os sexos. Uma mulher poderia efetivamente ser transformada num homem, já que o imperfeito poderia sempre se transformar no perfeito, mas a operação oposta não se realizaria jamais, pela razão oposta.

Portanto, nesse paradigma teórico só existiria um único sexo, com variações e matizações polares entre o masculino e o feminino, que seria finalmente decidido pela dominância do quente na circulação dos humores. Isso promoveria ainda seja a projeção, seja a invaginação da morfologia da genitália, para fora ou para dentro do corpo. Finalmente, seria pela **unicidade** ontológica do sexo que a transformação da mulher em homem seria concebida, dada a homologia e a equivalência dos órgãos genitais.

Por mais espantoso que possa parecer para nossa representação moderna sobre os sexos, no entanto, esse paradigma perdurou no imaginário ocidental durante séculos, evidenciando-se por diversos signos. Assim, até o início do século XVII os desenhos nos livros médicos de anatomia se baseavam no corpo masculino, considerado o modelo da perfeição, isto é, o estudo do corpo do homem possibilitaria não apenas o saber anatômico adequado, mas também perfeito sobre a morfologia corpórea. Não obstante o início das descobertas anatômicas no Renascimento, como também a expansão das práticas de dissecção, os atlas de anatomia mantinham ainda de maneira anacrônica o modelo sexual da Antiguidade. No início do século XVII, no entanto, começaram a aparecer, de maneira esparsa e difusa, os primeiros atlas anatômicos nos quais as diferenças morfológicas entre os corpos do homem e da mulher começaram a se determinar e até mesmo a se impor.[20] Portanto, começou a se esboçar aqui uma nova relação entre os sexos, no sentido de enfatizar não apenas a diferença ontológica, como também a impossibilidade de transformação de um no outro. Tudo isso culminará, enfim, na formulação da teoria natural da diferença sexual, que se imporá progressivamente ao longo do século XVIII e no início do século XIX.

Outro signo bastante destacado da pregnância do modelo sexual da Antiguidade são os repetidos relatos da transformação de mulheres em homens, que perduraram durante séculos até o início do Renascimento, quando lentamente teve início o processo de crise e a desconstrução do paradigma do sexo único. Encontra-se em Montaigne, num dos fragmentos de seus *Ensaios*[21] e do *Diário de viagem à Itália,*[22] uma das últimas referências de uma transformação sexual ocorrida com uma jovem ao atravessar um rio.

---

[20]Schlebinger, L. *The Mind Has no Sex? Women on the Origins of Modern Science.* Cambridge, Harvard University Press, 1989, Schlebinger, L. "Skeleton in the Closet: The First Illustration of the Female Skeleton in the Eighteen-century Anatomy". *In*: Gallager, C., Laqueur, T. *The Making of the Modern Body. Op. cit.*

[21]Montaigne, M. *Essais.* Livro I, cap. XXI. *In*: Montaigne, M. *Oeuvres complètes.* Paris, Gallimard (Pléiade), 1962, p. 96.

[22]Montaigne, M. *Journal de voyage en Italie. Idem*, p. 1119.

III. ONTOLOGIA SEXUAL

Com a perda irreversível de legitimidade do paradigma do sexo único e sua progressiva substituição pelo modelo da diferença sexual, o que passou a caracterizar a condição do homem e da mulher foi a presença de marcas naturais essenciais. Ser homem ou mulher, então, seria a consequência inevitável e insofismável de traços inscritos na estrutura do organismo. Esses traços seriam indeléveis, na medida em que seriam produzidos pela natureza biológica. Consequentemente, passou a existir um abismo intransponível entre os sexos, já que uma essência particular e perene os diferenciava. Com isso, a possibilidade de transformação da figura da mulher na do homem passou para o registro do imaginário, sendo algo não apenas da ordem do improvável e do impraticável, mas principalmente do impensável. Enfim, a marca sexual que cada um portava, seja masculina ou feminina, passou para o nível da essência, constituindo-se, então, uma ontologia da diferença sexual.

Essa essência passou a ser concebida no registro estritamente biológico, que passou a caracterizar o ser do homem e o da mulher por marcas inscritas em suas configurações anatômicas e em suas regularidades fisiológicas. Com efeito, com o desenvolvimento da biologia no século XIX, passou-se a configurar os dois sexos por caracteres sexuais ditos primários e secundários, o que os tornaria inconfundíveis. No século XX, com o desenvolvimento da genética como ciência, passou-se a indicar essas diferenças essenciais no registro cromossômico, de maneira que, além do **sexo somático**, se enunciou também essa diferença essencial como **sexo cromossômico**. Além disso, entre o registro cromossômico e o somático, a ontologia dos dois sexos foi também estabelecida, no final do século XIX, no registro dos hormônios, de maneira que se impôs a noção de existência de um **sexo hormonal**, como fundador também da diferença sexual. Enfim, nesses diferentes registros da natureza e em diversos níveis de complexidade do organismo, a diferença sexual foi estabelecida como essência intransponível, de maneira que o ser do homem e o da mulher se impuseram definitivamente como um determinismo insofismável da natureza.

Como foi concebida, nesse paradigma, a presença e a inscrição das faculdades morais das figuras do homem e da mulher? Existiria, por acaso, uma autonomia ou, pelo contrário, uma inscrição e derivação diretas destas no ser do organismo?

Com efeito, nesse paradigma, as faculdades morais e psíquicas de ambos os sexos foram designadas como efeitos diretos de marcas biológicas duradouras. Vale dizer, a forma de ser das individualidades masculina e feminina foi interpretada como epifenômenos de diferentes essências biológicas. Supunha-se inicialmente, então, uma estrita homologia entre o somático e o mental, que em seguida se acrescentou às séries hormonal e cromossômica nessa interpretação muito bem costurada da diferença essencial entre os sexos. Enfim, as ditas faculdades psíquicas dos diferentes sexos seriam determinadas nos registros cromossômico e somático, reguladas também pelo metabolismo hormonal.

Nesse contexto, as anomalias e as patologias psíquicas passaram a ser concebidas no espaço das desarmonias existentes entre os registros somático e moral, inicialmente, e entre os registros hormonal, cromossômico e moral, posteriormente. O campo das perversões sexuais, desenvolvido minuciosamente pela sexologia durante o século XIX, fundava-se na classifica-

GRAMÁTICAS DO EROTISMO

ção e explicação desses desvios e inadequações ruidosas entre os registros somático e moral. Com efeito, essas anomalias e patologias psíquicas foram concebidas como formas de **antinatureza** e até mesmo de **monstruosidade,** na medida em que existiria nelas uma evidente desarmonia entre os registros somático e mental. Por isso mesmo, o conceito médico e psiquiátrico de **degeneração** se impôs, na segunda metade do século XIX, como a categoria de interpretação fundamental para essas anomalias e patologias. Enfim, o fato de que certas individualidades pudessem ter certas características psíquicas em discordância e desarmonia com o sexo anatômico passou a ser considerado uma forma de degeneração da espécie, de forma que tais personagens assumiriam traços de antinatureza e de monstruosidade.

É na consideração cuidadosa da trama desse paradigma da diferença sexual, fundado na essência biológica e na suposta harmonia entre o somático e o psíquico, que se pode interpretar a tentativa de Ulrich, em meados do século XIX, de propor a existência do homossexualismo como um terceiro sexo. Para isso, ele utilizou os termos e a retórica da teoria da diferença sexual, ficando preso, por isso mesmo, às suas próprias contradições interiores. Assim, a figura do homossexual "verdadeiro" não seria nem homem nem mulher, mas um outro ser no qual existiria a presença de um corpo masculino numa alma feminina. Ulrich admitia que pudessem existir também homossexuais degenerados, de acordo com o estrito modelo da diferença sexual.[23] No entanto, formulava decididamente a existência do verdadeiro

---

[23]Freud, S. *Trois essais sur la théorie de la sexualité* (1905). 1º ensaio. Paris, Gallimard, 1982.

homossexualismo como uma outra modalidade de sexo, que se contraporia, assim, ao paradigma da essência dos sexos, pela inexistência da desarmonia entre os registros somático e psíquico. Porém, ao incorporar a retórica do paradigma, ficou aprisionado pela lógica deste e sem escapatória para propor outra leitura sobre o homossexualismo.

Além disso, deve-se evocar aqui que a formulação de Freud (parafraseando Napoleão) de que a "anatomia é o destino"[24] se inscreve literalmente nos pressupostos do paradigma moderno da diferença sexual. Vale dizer, o real do corpo somático, na sua visual eloquência anatômica, se imporia ao sujeito como condição concreta de possibilidade de ordenação do psiquismo, estritamente de acordo com as teses do paradigma. O próprio título do ensaio inaugural de Freud, dedicado inteiramente à leitura da feminilidade, é bastante evidente no que concerne a isso: "As consequências psíquicas das diferenças anatômicas entre os sexos."[25] Vale dizer, nessa formulação freudiana, as marcas anatômicas produziriam não apenas traços psíquicos, mas principalmente delineariam o horizonte irrefutável e constrangedor para a construção do psiquismo no homem e na mulher.

Assim, não obstante o fato de que para Freud as relações entre o somático e o mental não eram de ordem mecânica e concebidas de maneira determinista, como no modelo oitocentista da diferença sexual, não resta dúvida de que o paradigma estava firmemente presente na teorização freudiana. Como ainda

---

[24]Freud, S. "Quelques conséquences psychiques de la différence anatomique entre les sexes". *In*: Freud, S. *La Vie sexuelle. Op. cit.*
[25]*Ibidem.*

veremos ao longo deste ensaio, mesmo que o discurso freudiano não se inscreva inteiramente nos cânones desse paradigma, ele esteve sempre lá, impondo-se como figura de fundo, constrangendo, pois, as linhas de força da construção psicanalítica sobre a diferença sexual. Enfim, este seria um dos paradoxos e uma das contradições flagrantes daquele discurso no que tange à diferença sexual, que deve ser bem sublinhado aqui, numa releitura do discurso freudiano sobre a sexualidade.

IV. DIFERENÇA SEXUAL E SEXOLOGIA

Contudo, é preciso agora circunscrever como a formulação da igualdade de direitos entre os sexos, proclamada pela Revolução Francesa, foi o coveiro definitivo do discurso do sexo único, sendo simultaneamente aquilo que legitimou o discurso da diferença sexual. Isso porque a questão que se colocou então, de maneira aguda, foi como seria possível sustentar a hierarquia entre o homem e a mulher, quando se formulava, ao lado disso, a igualdade de direitos entre os cidadãos? Com efeito, se aqueles eram iguais diante da lei, deveriam ter, consequentemente, acesso às mesmas posições sociais. Portanto, em princípio as mulheres deveriam ter a mesma educação que os homens para que pudessem adquirir as mesmas habilidades e ter acesso às mesmas posições no espaço social. Com tudo isso, os antigos privilégios concedidos aos homens em detrimento das mulheres teriam de ser perdidos, devendo, pois, agora, estes, serem relançados no mercado simbólico, em igualdade de direito entre os homens e as mulheres.

As consequências irrefutáveis da lógica da igualdade dos direitos, no entanto, não se transformaram logo em normas sociais capazes de legitimar a igualdade de condições entre os sexos. Foram necessários quase dois séculos para que essa lógica se transformasse em normas sociais e conferisse a tal igualdade de condições entre os sexos. Foi necessária uma "longa marcha", para parafrasear o título do livro de Simone de Beauvoir sobre a Revolução Chinesa, que se realizou em várias etapas, na qual as mulheres foram progressivamente ganhando terreno no espaço social.

Com efeito, do direito de votar ao de poderem ser educadas, passando a ter acesso aos espaços sociais da masculinidade, o percurso das mulheres foi marcado por um longo combate de muitas idas e vindas, progressões e retrocessos. Os anos 60 do século XX foram o momento crucial dessa ruptura, quando o feminismo rompeu de vez as amarras tradicionais da condição da mulher no Ocidente. Produziu-se, então, uma revolução, que continua em processo, da qual não sabemos ainda todos os seus desdobramentos e consequências nos registros psicológico, ético e político. Quanto a isso, é bom que se diga, as surpresas são quase cotidianas, tal a escala das transformações que ocorreram na redefinição das identidades sexuais.[26]

De volta ao final do século XVIII, o que se pode certamente dizer é que a sociedade democrática, que se constituiu com a Revolução Francesa, não concedeu às mulheres a tal paridade de direitos proclamada. Apesar do engajamento político das mulheres na Revolução, a sociedade emergente não conferiu a

---

[26]Badinter, E. *XY. De l'identité masculine*. Paris, Odile Jacob, 1992.

elas os mesmos direitos. Contudo, o modelo do sexo único da Antiguidade não tinha então mais lugar e legitimidade, tendo de ser construído um outro discurso sobre os sexos, no qual a hierarquia de **poder** entre as figuras do homem e da mulher fosse fundada sobre novas bases.

Assim, se a democracia ateniense da Antiguidade construiu o paradigma do sexo único, no qual as mulheres tinham um estatuto ontológico e social inferior ao dos homens, a nova democracia advinda da Revolução Francesa procurou fundar na natureza biológica as inserções sociais diferentes entre os sexos. Com efeito, se a antiga democracia grega foi constitutiva da tradição patriarcal no Ocidente — sendo então a política identificada com o universo do masculino e o panteão religioso dominado por divindades masculinas[27] —, a moderna democracia transformou efetivamente os fundamentos até então inquestionáveis do poder patriarcal, mas manteve inalteradas as fontes do poder masculino. Para isso, entretanto, foi necessário forjar um novo discurso, precisamente sobre a diferença sexual, pelo qual o homem e a mulher teriam **finalidades e inserções sociais** bastante diversas, em consequência de suas naturezas diferenciadas e irredutíveis uma à outra.

Vale dizer, é quase impossível compreender a emergência histórica do discurso da diferença sexual sem que se considerem suas condições social e política de produção. Seriam estas, então, os catalisadores do processo, isto é, aquilo que regularia a nervura de seus procedimentos. Isso porque ser homem e ser mulher agora, com a modernidade, seriam a decorrência direta

---

[27]Badinter, E. *L'Un est l'autre*. 2ª parte, capítulo I. Paris, Odile Jacob, 1986.

e estrita da ordem da natureza, que modelaria suas modalidades diferenciais de ser e que delimitaria ao mesmo tempo o horizonte possível de suas inserções sociais. Enfim, o determinismo biológico esboçaria de maneira indelével as finalidades naturais dos diferentes sexos, que se fariam então presentes nos registros corpóreo e moral de maneira imperativa.

Foi também nesse contexto histórico que se construiu o discurso sexológico,[28] no qual as perversões sexuais encontraram lugar de destaque. Este discurso não apenas é homogêneo ao da diferença sexual, mas é também uma derivação fundamental deste. Com efeito, em ambos foi esboçada a concepção de que as modalidades morais de ser dos sexos seriam decorrência direta da natureza biológica destes. Portanto, seria a natureza biológica do macho e da fêmea o que delinearia não apenas as finalidades biológica e moral do homem e da mulher, mas também as modalidades possíveis de suas inserções sociais diferenciadas.

Pouco importa considerar aqui o argumento formal de que a **sexologia** se ateve apenas ao estudo e à classificação dos desvios sexuais, circunscrevendo, então, o estudo da degenerescência sexual, enquanto o discurso da diferença sexual se voltava especificamente para definir a natureza diferencial entre as figuras do homem e a mulher. Isso porque, em ambos, a mesma formulação sobre a condição natural dos sexos foi não só esboçada, mas se forjou de maneira sistemática, pelo enunciado das finalidades biológicas de cada um dos sexos, numa leitura diferencial sobre a natureza moral de cada um. Homogeneidade e derivação, enfim, entre ambos os discursos, que delinearam

---

[28]Krafft-Ebing, R. *Psychopathia sexualis*. Paris, Payot, 1950.

uma concepção sobre a sexualidade que se encontra ainda presente na contemporaneidade, pela costura estrita que realizaram entre fundamento biológico e modalidades espirituais do ser do homem e do ser da mulher.

O que se destaca de maneira fundamental é a problemática da **maternidade**. Foi a construção estrita do ser da mulher em torno da figura da mãe e da finalidade específica de **reprodução da espécie** o que estava em pauta na teoria da diferença sexual. A maternidade foi então concebida como algo de ordem instintiva, como uma potencialidade da fêmea como organismo, impondo--se, pois, como um imperativo inelutável para o ser da mulher.[29] Foi por este viés que a hierarquia e a relação de poder entre os sexos foi mantida no contexto da concepção da diferença sexual. Vale dizer, o que estava fundamentalmente em questão na concepção da diferença sexual era a manutenção da figura da mulher na posição da maternidade. É em torno da figura da mulher como mãe que o paradigma da diferença sexual pode ser mais bem elucidado. É o que se verá em seguida.

---

[29]A esse respeito, ver: Badinter, E. *L'Amour en plus. Histoire de l'amour maternel*. (XVIIᵉ - XIXᵉ siècles). Paris, Flammarion, 1980; Shorter, E. *Naissance de la famille moderne*. Paris, Seuil, 1975; Meyer, Ph. *L'Enfant et la raison d'état*. Paris, Seuil, 1977.

CAPÍTULO III

Padecem as mães no paraíso?

O que caracterizaria a figura da mulher seria, então, o dom para a maternidade, que definiria sua finalidade biológica e delinearia, pois, suas modalidades de inserção no campo social. Isso porque as faculdades morais femininas estariam efetivamente definidas por suas potencialidades naturais. Se esse atributo da mulher sempre foi reconhecido de bom grado e sempre foi a fonte maior de seu poder no imaginário coletivo,[30] na modernidade tornou-se o caminho preferencial pelo qual se procurou também limitar o anseio das mulheres por outros poderes e lugares no espaço social. Com efeito, por suas disposições naturais intrínsecas — pélvis alargada, presença dos seios e a possibilidade do aleitamento —, parece evidente que a finalidade biológica do corpo feminino seria para a gestação e a maternidade, podendo realizar, então, a finalidade suprema da reprodução da espécie. Enfim, a maternidade seria algo de ordem estritamente instintiva.

---

[30]A esse respeito, ver: Godelier, M. Parentesco: "Homem/Mulher". *In*: *Enciclopédia* (Einaudi) nº 20. Lisboa, Imprensa Nacional — Casa da Moeda, 1989; Basaglia, F.O. Parentesco: "Mulher". *Idem*; Héritier, F. Parentesco: "Masculino/Feminino". *Idem*; Héritier, F. Parentesco: "Família". *Idem*; Héritier, F. Parentesco: "Incesto". *Idem*; Héritier, F. Parentesco: "Endogamia". *Idem*; Héritier, F. Parentesco: "Casamento". *Idem*; Héritier, F. *Masculin/Féminin*. La Pensée de la différence. Paris, Odile Jacob, 1996; Héritier, F. *Les Deux soeurs et leur mère*. Anthropologie de l'inceste. Paris, Odile Jacob, 1995.

As marcas morais maiores do ser da mulher — domínio dos afetos sobre a racionalidade — seriam as consequências diretas e os desdobramentos de suas virtualidades biológicas. Isso lhe forneceria a possibilidade de acolhimento e de cuidado em relação ao outro, de que o homem seria naturalmente destituído. Este seria antropologicamente marcado pelo **logos** e pela **razão**, que lhe definiriam outro horizonte social de inserção e outras possibilidades de existência. Pelos seus traços, definidos sempre pelas virtualidades do seu organismo, a figura da mulher estaria, pois, mais próxima do polo da **natureza**, enquanto a do homem, pela mesma razão, se aproximaria do polo da **civilização**. Enfim, entre os polos do sentimento e da razão, ou então entre natureza e civilização, esboçou-se, no imaginário coletivo, a cartografia moral da diferença sexual, que seria sempre a consequência direta da natureza biológica diferenciada entre o ser do homem e o da mulher.

São os traços definidores e os fundamentos dessa construção antropológica o que se pretende esboçar neste capítulo.

I. DIREITO E COSTUME

Com isso, realizou-se uma estrita circunscrição dos espaços sociais de pertencimento para cada um dos dois sexos. Essa circunscrição espacial teve como correlato uma distribuição de poderes entre os polos masculino e feminino. Com efeito, para as mulheres foi designado o **espaço privado** e, para os homens, o **espaço público**, sendo conferido a cada um poderes específicos. Assim, os sexos foram distribuídos entre as demandas da reprodução e da produção, sendo o primeiro alocado no espaço privado e o segundo, no público. A família foi assim esboçada como o espaço feminino por excelência, sobre o qual a mulher exercia seu poder legítimo, isto é, sua **governabilidade**. Em contrapartida, o espaço social ampliado, fora das fronteiras da família, seria o lugar para o exercício masculino da governabilidade. Esse conjunto de oposições sociais entre os sexos era considerado legítimo, dado que caucionado não apenas pelas diferenças naturais, mas pelos desdobramentos diretos destas sobre as faculdades morais.

Acreditava-se, de fato, que não se estava retirando poder social das mulheres em relação ao poder masculino, mas tão somente repartindo socialmente os diversos sexos segundo as virtualidades irrefutáveis de suas diferentes naturezas. Não se trataria, pois, de usurpação de direitos, mas de sua justa distribuição social, de acordo com as disposições naturais diferentes. Existiria, enfim, uma ordem diferencial na natureza que implicaria uma ordem social diferenciada, com funcionalidades específicas para cada um dos sexos em questão.

De qualquer maneira, nessa repartição social da legitimidade sexual, aos homens foi atribuído o registro dos **direitos**, enquanto às mulheres, o dos **costumes**.[31] Entre as ordens do direito e do costume se condensariam todas as oposições antes destacadas — público/privado, espaço social/família, razão/sentimento, produção/reprodução —, de forma tal que, para a governabilidade feminina, foi atribuído algo de grande importância social no imaginário coletivo. Com efeito, pelos cuidados concedidos

---

[31]Fraisse, G. *Les Femmes et leur histoire*. Paris, Gallimard, 1990.

às crianças, não apenas do ponto de vista físico mas também moral, as mulheres tinham lançada sobre si a gigantesca tarefa de reprodução do social. A mediação insubstituível da maternidade tornaria, então, possível a reprodução do social. Daí poder-se afirmar que existia efetivamente uma governabilidade do espaço doméstico.

Os grandes filósofos do final do século XVIII e início do século XIX procuraram legitimar a oposição entre os direitos e os costumes, considerando que a diferença sexual outorgava tal distinção, sem que isso implicasse, no entanto, uma diminuição efetiva do ser da mulher, ou até mesmo uma retirada de sua igualdade de direitos em relação aos homens. Assim, de Rousseau a Hegel, passando por Fichte e Kant, quase todos os grandes teóricos da época estavam de acordo com essa leitura sobre a natureza diferencial entre masculino e feminino e com as consequências disso sobre a legitimidade de suas inserções sociais.[32] Existiram também os críticos, evidentemente, como Condorcet e Diderot.[33] Porém, no fundamental, os maiores pensadores do período concordavam com o fato de que não existia retirada de direitos das mulheres nessa repartição estrita dos territórios do social segundo os sexos.[34]

A formulação inaugural de Freud sobre o valor e a importância das mulheres na construção da civilização inscreve-se precisamente nesse debate e nesse registro. Com efeito, o co-

---

[32]*Ibidem.*
[33]*Ibidem.*
[34]A respeito disso, consultar: Kofman, S. *Aberrations. Le devenir femme d'Auguste Comte.* Paris, Auber-Flammarion, 1978, Kofman, S. *Le Respect des Femmes.* Paris, Galilée, 1982.

mentário inicial de Freud — apesar dos efeitos mórbidos do processo modernizador sobre as mulheres, pela repressão sexual promovida por este, estas seriam agentes fundamentais desse processo — inscreve-se tanto no contexto da reprodução biológica quanto no dos costumes que aquelas promoveriam.[35] Com efeito, enquanto mães que ao mesmo tempo atuam no registro da educação moral e no de cuidados somáticos, as mulheres seriam ainda, e foram de fato, agentes cruciais para a realização do projeto de modernização do social.

Nessa leitura de Freud, seria, portanto, a demanda sexual desmesurada e o imperativo do amor que colocariam a figura da mulher numa posição anticivilizatória e antissocial, tal como formulado posteriormente em *Mal-estar na civilização*.[36] Assim, delineada ao mesmo tempo como agente civilizatório e agente anticivilizatório, isto é, entre catalisador da ordem e operador da desordem, a figura da mulher estaria polarizada todo o tempo entre a maternidade e o erotismo. Isso porque, como mãe, a figura da mulher seria sempre agente civilizatório e da ordem, enquanto, pelo segundo eixo, seria agente da desordem e do processo anticivilizatório. O erotismo seria sempre socialmente problemático no ser da mulher, na representação forjada pela modernidade.

Contudo, o poder então atribuído às mulheres, pela transmissão dos costumes, enquanto espaço específico no qual poderia ser exercida sua governabilidade, apenas pode ser compreendido

---

[35]Freud, S. "La Morale sexuelle 'civilisée' et la maladie nerveuse des temps modernes". *In*: *La Vie sexuelle*. *Op. cit.*
[36]Freud, S. *Malaise dans la civilisation*. *Op. cit.*

devidamente pela construção recente do biopoder ao longo do século XIX. Vale dizer, a governabilidade feminina exercida especificamente pela maternidade e pela reprodução da espécie se inscreveria no projeto e no campo do **biopoder**.[37] Este configurou de maneira original o polo feminino do poder, delineando outro espectro para o campo feminino da governabilidade. É disso que falarei em seguida.

II. BIOPODER E FAMÍLIA

Com efeito, a modernidade constituiu uma nova modalidade de poder que foi intitulada de biopoder por Foucault. Em contrapartida, o biopoder foi a condição concreta de possibilidade para a constituição daquilo que Foucault também denominou de **bio-história**.[38] Vale dizer, pela nova modalidade de poder então atribuída à ordem da vida, e não apenas à da morte, construiu-se uma modalidade original de história centrada em suas vicissitudes. É bom ressaltar não se tratar apenas, na leitura de Foucault, de uma narrativa da história produzida pela imposição formal atribuída à categoria de vida pelos historiadores, mas de uma história concreta costurada pelas regulações políticas e sociais então atribuídas à ordem da vida na aurora do século XIX.[39] O investimento estratégico conferido à ordem da vida pela sociedade oitocentista e pela modernidade possibilitou que o

---

[37]Foucault, M. *Volonté de savoir. Histoire de la sexualité.* Volume I. Paris, Gallimard, 1976
[38]*Ibidem.*
[39]*Ibidem.*

biopoder e a bio-história se constituíssem, enfim, no registro das práticas sociais.

Assim, começou-se então a conceber que a riqueza das nações não dependeria apenas da riqueza de seus recursos naturais e de suas indústrias, como sempre se pensou desde a Antiguidade, mas da **qualidade da sua população,** elemento que definiria as potencialidades virtuais e concretas dos demais recursos das nações. A qualidade de base do **capital humano** seria, pois, a condição de possibilidade para a produção e a reprodução do capital econômico, conferindo, assim, novas perspectivas para a produção de riqueza a partir dos recursos do solo e das indústrias existentes.

Para que isso fosse possível, no entanto, caberia ao Estado investir primordialmente na qualidade de sua população, já que esta seria sua fonte maior de recursos e o manancial efetivo de riqueza das nações. Assim, as boas condições de vida e saúde das populações se transformaram na finalidade maior para a acumulação de capital e produção de riqueza das nações. Da mesma forma, a promoção da educação e sua democratização para todos os grupos sociais se transformaram num imperativo político ao longo do século XIX. Daí a introdução da escolaridade obrigatória nas nações europeias e a gerência sanitária do espaço social pelo Estado.

Pode-se depreender, portanto, que a expansão da medicina moderna, nos mais diferentes e complexos registros — individual e coletiva, clínica e social, somática e moral, curativa e preventiva[40] —, foi a consequência maior dessa estratégia de poder.

---

[40]Foucault, M. *Naissance de la clinique. Une archéologie du regard médical.* Paris, Presses Universitaires de France, 1963.

A **medicalização** do social, que se constituiu desde então no Ocidente e persiste até hoje em níveis progressivos de complexidade e capilarização,[41] foi instituída, de fato e de direito, no campo do Estado moderno, como decorrência dessa nova estratégia do poder.

Assim, a totalidade dos registros da existência, individual e coletiva, foi atravessada pelas modernas estratégias da medicalização, sem exceção. Com efeito, da organização das condições de vida do espaço rural à construção de novas funcionalidades urbanas, oscilando entre a higiene dos corpos e a higiene dos espíritos, a medicina moderna se constituiu então como um dispositivo fundamental para a produção de uma população mais saudável, pela promoção de novas qualidades de vida. Assumindo uma perspectiva ora terapêutica, ora preventiva, a medicina moderna se configurou sempre como medicina social,[42] já que pelas novas estratégias do biopoder a individualidade foi sempre concebida nas suas inscrições sociais.

Foi nesse contexto, portanto, que a família se transformou num espaço fundamental para o processo social de medicalização e construção do biopoder, na medida em que nela seria esboçada e programada a constituição renovada da população esboçada pelo biopoder. Produzir, enfim, crianças somaticamente saudáveis e bem alimentadas que fossem acompanhadas desde o nascimento até a maturidade de maneira absoluta, para evitar desvios orgânicos e funcionais na sua formação, transformou-se num alvo crucial da biopolítica.

---

[41]Foucault, M. *Microfísica do poder*. Rio de Janeiro/São Paulo. Paz e Terra, 2014.
[42]Rosen, G. *Da polícia médica à medicina social*. Rio de Janeiro, Graal, 1979.

GRAMÁTICAS DO EROTISMO

Além disso, o imperativo de controle da reprodução da espécie impôs-se aqui de maneira decisiva. Com efeito, a reprodução da espécie e a constituição específica de uma medicina feminina centrada no parto impuseram-se como dimensões fundamentais do biopoder. Ao lado disso, constituiu-se aqui também uma medicina especificamente infantil, com a finalidade de cuidar da formação do capital humano, voltada para a produção futura da riqueza das nações.

Dessa forma, oferecer para a figura da mulher o poder de governabilidade no espaço privado — a administração da família e dos costumes —, implicava então inseri-la de maneira precisa nos processos de medicalização configurados pelo biopoder. Com isso tudo, o corpo da mulher foi devidamente medicalizado junto com o da criança, assim como a totalidade da existência familiar foi catalisada pelo recente discurso da medicina social, da higiene e da saúde pública.

III. MATERNIDADE E DESEJO

Esboça-se aqui uma concepção da sexualidade pela qual esta se identifica com o imperativo da reprodução da espécie. A função da sexualidade seria, pois, a reprodução, e tudo o que pudesse interferir ou até mesmo competir com a finalidade reprodutora seria uma ameaça para a sociedade, concebida esta evidentemente pelas exigências da biopolítica.

Nesses termos, o prazer e o desejo seriam finalidades outras da sexualidade que poderiam desviá-la do reto caminho reprodutivo. Por isso mesmo, o erotismo tornou-se um polo contraditório no ser da mulher, que poderia perturbar a vocação reprodutiva do seu corpo. Isso porque, entre o desejo sensual e a maternidade, o corpo feminino seria polarizado. Não por acaso, como já indiquei acima, o discurso freudiano poderia reconhecer positivamente o papel crucial da mulher no processo civilizatório quando se referia à figura da mãe, e, em contrapartida, criticá-lo negativamente quando o desejo sexual estava em pauta. Enquanto a primeira figura provocaria a coesão social, a segunda, ao contrário, promoveria a dissolução dos laços sociais e até mesmo a possibilidade de sua devassidão. O erotismo feminino era concebido como essencialmente perigoso, pela ameaça de desordem que representava.

Entretanto, é preciso recordar que essa oposição radical entre maternidade e desejo no ser da mulher, formulada no século XIX, foi meticulosamente tecida pela tradição do cristianismo. Nesse particular, a ética cristã transformou radicalmente a positividade reconhecida no erotismo pela tradição do paganismo da Antiguidade. Com o cristianismo, o erotismo foi esvaziado de suas virtudes e concebido como pura negatividade. Com efeito, no modelo do sexo único de Galeno e na teoria aristotélica da geração, era enunciada a efetividade do orgasmo feminino como condição de possibilidade da geração. Vale dizer, somente existiria a concepção caso o orgasmo da mulher estivesse presente na relação sexual.[43] Entretanto, o cristianismo desarticulou os registros do prazer e da reprodução, considerando o primeiro como da ordem do pecado. Constituiu-se, assim, a diabolização do desejo feminino, que poderia desviar as mulheres da

---

[43]Laqueur, T. *La Fabrique du sexe. Op. cit.*

existência casta e do caminho virtuoso da maternidade. Enfim, na ética cristã a relação sexual só seria permitida e reconhecida com fins reprodutivos, devendo ser silenciada qualquer dimensão de gozo no corpo feminino.

A figura da mulher possuída pelo desejo foi, assim, identificada com a obra do **Mal**. Com efeito, a figura do diabo seria o arquiteto malévolo dessas artimanhas, a qual retiraria as mulheres do caminho reto da virtude, da maternidade e da família. Dessa maneira, o diabo seria o responsável pelo erotismo feminino, manipulando o corpo da mulher na sua disputa incansável com Deus. A possessão pelo desejo identificou-se, pois, à possessão diabólica, pelo menos no que tange à figura da mulher. "Estar com o diabo no corpo", foi assim que se configurou, no imaginário cristão, essa leitura sobre a mulher desejante.[44]

Nessa perspectiva, o que a sexologia realizou no século XIX, com a estrita identificação da sexualidade com a finalidade da reprodução da espécie, foi tão somente a transformação dos preceitos da moral cristã num discurso supostamente científico sobre a sexualidade humana. Portanto, a sexologia ofereceu uma versão secular e cientificista da moral ascética do cristianismo.

A mulher desejante passou a figurar, assim, uma possibilidade real para o Mal e para o desvio social, na medida em que, enquanto sustentação do desejo, estaria se deslocando do reto caminho da maternidade e da mulher virtuosa. A mulher desejante e aquela que não assumisse devidamente o papel crucial da

---

[44]A esse respeito, ver: Birman, J. "O sacrifício do corpo e a descoberta da psicanálise". *In*: Birman, J. *Ensaios de teoria psicanalítica*. Parte I. Rio de Janeiro, Jorge Zahar, 1993.

maternidade seriam figurações da **mulher perigosa**, que deveria então ser cuidada e corrigida medicamente em nome da higiene social, para que se impedisse, enfim, a degeneração da espécie.

Sabemos que o discurso freudiano se constituiu pela proposição cardinal de que a sexualidade visava ao prazer e não à reprodução da espécie, sendo crítico, pois, da sexologia. Para aquele, o que se pretendia com a sexualidade era o gozo, que existiria não apenas no registro genital mas também no da **perversidade-polimorfa**. Com isso, foi formulada a existência da **sexualidade infantil**, na qual existia apenas o gozo perverso-polimorfo.[45]

Dessa maneira, o discurso freudiano foi certamente uma instância crítica importante do dispositivo do biopoder no início do século XX, permitindo criticar a teoria da degenerescência[46] e sustentar a positividade do desejo feminino. Por isso mesmo, pôde escutar a dimensão desejante que estava presente no corpo histérico, destacando então que a efetividade do recalque sexual nas mulheres estaria na base de suas perturbações do espírito. Portanto, ao reconhecer o desejo sensual latente na histeria, o discurso freudiano a retirou do limbo das degenerações do espírito e ofereceu-lhe com isso outro destino.[47,48] O mesmo movimento interpretativo foi realizado pelo discurso freudiano com as perversões sexuais, classificadas como degenerações pela sexologia e pelo dispositivo do biopoder, justamente

---

[45]Freud, S. *Trois essais sur la théorie de la sexualité*. 1º ensaio. *Op. cit.*
[46]Foucault, M. *Volonté du savoir*. *Op. cit.*
[47]Freud, S., Breuer, J. *Études sur l'hystérie*. *Op. cit.*
[48]Freud, S. *Trois essais sur la théorie sexuelle*. *Op. cit.*

porque naquelas as individualidades exerciam a sexualidade pelo usufruto do puro erotismo e não eram, assim, guiadas pela finalidade reprodutiva.

Trata-se de uma dupla crítica, pois, do discurso freudiano ao dispositivo do biopoder, ao reconhecer a dimensão erótica da sexualidade. Contudo, para que se possa aquilatar devidamente o lugar da psicanálise na escuta do desejo na histeria e o lugar desta no imaginário social do século XIX, necessário é delinear, antes de mais nada, algumas modalidades de figuração do feminino que se constituíram em oposição marcada ao imperativo da maternidade para a mulher, assim como o reconhecimento e a legitimidade, desde então, do desejo masculino. Este seria, enfim, líquido e certo, acima de qualquer suspeita, estando para além do bem e do mal.

Pela configuração precisa desses territórios podemos melhor compreender as tecnologias do biopoder e a posição específica do discurso freudiano nesse contexto histórico. É o que se esboçará a seguir.

CAPÍTULO IV   # Erotizar ainda é possível?

Assim, se a mulher enquanto mãe teria de ser destituída de seu erotismo, já que uma das possibilidades rivalizava agonisticamente com a outra e cada uma delas poderia conduzir a mulher a um destino subjetivo e social oposto, o mesmo não se daria, contudo, com o erotismo masculino. Com efeito, para o homem era perfeitamente reconhecida sua potencialidade desejante ao lado de sua efetividade reprodutiva, de maneira a ser constituída uma real assimetria e até mesmo uma hierarquia entre os sexos.

Seria isso, então, a marca e a evidência maior da sociedade patriarcal, mesmo no contexto do discurso da igualdade de direitos dos cidadãos promovido pela Revolução Francesa?[49] Com certeza. Quanto a isso não existe nenhuma dúvida. A assimetria e a hierarquia entre os sexos, insígnias maiores do patriarcalismo, continuavam perfeitamente incólumes e consistentes no solo da sociedade democrática pós-revolucionária. O que significa dizer que a hierarquia e a assimetria presentes na estrutura antiga do sexo único foram agora deslocadas para a relação entre os **sexos**, concebidos como essências irredutíveis.

Além de se constatar isso — o que todos nós já sabemos, há muito —, é preciso considerar as formas sociais pelas quais foi

---

[49]Badinter, E. *L'Un est l'autre*. 2ª parte, capítulo II. *Op. cit.*

ordenada a duplicidade de possibilidades admitidas para o sexo masculino. Deslocando-se livremente entre os espaços público e privado, isto é, entre os espaços social e familiar, ao homem era permitido o duplo exercício erótico e reprodutivo. Se a família era, assim, o sacrossanto espaço para a reprodução da espécie, o espaço social enquanto tal era o lugar efetivo para a existência do erotismo.

I. A MEDICALIZAÇÃO DO EROTISMO

Com efeito, a grande expansão da antiga prática da prostituição, que ocorreu ao longo do século XIX, seria a contrapartida social para que se pudesse definir um *locus* preciso e bem circunscrito para o exercício do erotismo masculino. Nesse espaço, os homens poderiam satisfazer suas demandas eróticas, impossibilitadas parcialmente no campo da família. Para isso, contudo, a prostituição teria de ser muito bem regulada pelo Estado, por instrumentos da nascente medicina social, para que não colocasse em risco a demanda de reprodução na família e as exigências maiores de produção da qualidade de vida da população, formuladas então pelo biopoder.

Assim, a prostituição passou a ser ativamente regulada pelo Estado moderno, que para ela designou territórios muito bem circunscritos do espaço urbano. Com efeito, apenas em certos quarteirões e bairros das cidades a prostituição era permitida. Por isso mesmo, tais lugares passaram a ser amaldiçoados e proibidos no imaginário coletivo, representando sempre a desordem, a presença do mal e a ameaça de morte. Enquanto marcas autorizadas de desordem, no próprio contexto da ordem, a exclusão desses espaços ritualizava, na arquitetura urbana, a oposição entre erotismo e reprodução da espécie, assim como entre desejo e amor familiar. Com essa circunscrição, no entanto, a prostituição poderia ser objeto de **vigilância**,[50] exercida pelo Estado, por intermédio da polícia médica e da higiene social. Existia, enfim, uma positivação da ordem nas formas pelas quais a desordem era ritualizada na sua negatividade.

Além disso, a prostituição era ainda objeto de outros controles sociais, ao lado da já referida circunscrição espacial. As prostitutas eram sujeitas a exames médicos regulares com a finalidade de se constatar a presença ou a ausência de doenças venéreas. A permissão de trabalhar, outorgada pela polícia, era submetida à decisão médica, de acordo com as boas ou más condições de saúde das mulheres. Dessa maneira, a higiene social controlava ativa e minuciosamente a saúde reprodutiva e instituía os imperativos maiores da biopolítica, pelo exame médico regular das prostitutas. Isso porque as doenças venéreas — que eram os grandes tormentos no imaginário social ao longo do século XIX e até a descoberta da penicilina no final da Segunda Grande Guerra — obcecavam a higiene social, pois perturbavam o projeto social da biopolítica. Enfim, eram sobre tais enfermidades que as práticas higiênicas de circunscrição, exame, tratamento, prevenção e permissão de trabalho para as prostitutas estavam fundamentalmente voltadas, na medida em que aquelas colocavam frontalmente uma questão estratégica para as proposições do biopoder.[51]

---

[50]Foucault, M. *Surveiller et punir*. Paris, Gallimard, 1975.
[51]A esse respeito, ver: Adler, L. *Secréts d'alcôves. Une histoire des couples de 1830 à 1930*. Paris, Hachette, 1983; Adler, L. *La Vie quotidienne dans les maisons closes: 1830-1930*. Paris, Hachette, 1990; Corbin, A. *Les filles des noces. Misère sexuelle et prostitution, XIX-XXe siècles*. Paris, Aubier-Montaigne, 1970.

A medicalização da sexualidade processava-se em diferentes lugares do social, com a intenção sistemática de realizar o projeto da biopolítica. Ao se postular as boas qualidades da reprodução como a fonte maior de acumulação de capital, para a produção da riqueza das nações, a biopolítica instrumentava-se então diretamente nas práticas e nos saberes médicos. Com isso, a higiene social e a polícia médica articulavam-se, numa rede complexa, às recentes práticas da ginecologia, da obstetrícia e da pediatria, com a finalidade de promover sempre as melhores condições sanitárias para a produção ativa da qualidade da população.

O desejo e a reprodução poderiam ser então bem regulados, nas suas distribuições deliberadas entre os espaços público e privado, isto é, entre o espaço social ampliado e a família. Consequentemente, o erotismo poderia ser usufruído pelos homens no circuito semiclandestino da prostituição, enquanto o amor, em contrapartida, se identificava com a ordem da família, sempre voltada para a reprodução. Tudo isso era muito bem orquestrado, bem entendido, pela ordem médica, que realizava minuciosamente os desígnios maiores da biopolítica.

II. FIGURAÇÕES DO FEMININO

Contudo, se a prostituição então existia dessa maneira e era regulamentada devidamente pela polícia médica e a higiene social, isso implica reconhecer que existia um grande contingente populacional de mulheres que não se inseriam na figura da maternidade. Isso é óbvio. Não é preciso muita argúcia interpretativa para reconhecer isso. Com efeito, aquela possibilidade era um dos destinos sociais que seriam autorizados para as mulheres, de maneira silenciosa mas decidida, caso se rebelassem e não se sujeitassem aos desígnios esperados da maternidade. A exclusão social dessas mulheres era assim positivada num destino bem traçado, mesmo que fosse bem pouco abonador em termos de valores morais. Um destino bem funesto, bem entendido. O preço alto que as mulheres deveriam pagar pela sua oposição e rebeldia ao lugar que lhes tinha sido designado.

Além disso, a prostituição, como positividade que era sobre um fundo de negatividade, era o caminho possibilitado para que existisse um contraponto real ao erotismo masculino. Não se pode esquecer disso, já que existia uma funcionalidade social muito bem definida para a prostituição. Existia então certa ambiguidade em face dessas mulheres, que se harmonizava ainda com a ideologia liberal recente da modernidade. Porém, apesar do liberalismo permissivo para outros destinos possíveis para a feminilidade, as mulheres que fugiam e se desviavam do reto e sagrado caminho da maternidade eram ativamente culpabilizadas, moralmente diminuídas em seu valor e até mesmo criminalizadas pela assunção de outras figurações sociais.

Essas mulheres desviantes eram bastante bem definidas nas suas configurações sociais e morais. Existia uma verdadeira galeria de **mulheres perigosas** que foram bem delineadas pelo discurso da medicina de então. É dessa **cartografia do mal** que temos de nos aproximar agora, para apreendermos outras configurações do feminino no século XIX.

Assim, pode-se registrar, na produção médica de então, a tentativa de descrever minuciosamente quatro modalidades de desvio moral da feminilidade. Com efeito, a **prostituição**, o

infanticídio, a **ninfomania** e a **histeria** eram as figuras privilegiadas, no discurso médico, do desvio moral entre as mulheres. Tanto as revistas especializadas quanto os livros de psiquiatria e medicina legal eram invadidos pelos estudos sobre essas formas extraviadas do comportamento feminino, conforme nos indicam alguns trabalhos de pesquisa histórica sobre o período.[52]

A retórica dos estudos revela uma tentativa de caracterização médica e psiquiátrica dessas personagens, ao lado de uma tenebrosa eloquência moral na leitura das figurações desviadas da feminilidade. A dimensão moralista das descrições científicas salta contudo aos nossos olhos, o que nos revela imediatamente que aquelas positividades médico-psiquiátricas foram tanto desenhadas quanto construídas a partir de um julgamento moral prévio. Não se pode deixar de reconhecer o *a priori* moral que funda tais positividades médicas e psicopatológicas. Com efeito, foi a condição moral de desvio dessas subjetividades que deu ensejo à medicalização e à psiquiatrização das novas figuras do feminino. A construção teórica e as classificações nosográficas empreendidas se fizeram sempre segundo essa lógica moralmente fundada. Depreende-se disso que se atinge aqui outro limiar de discursividade do processo de medicalização do social, cuja presença já indiquei em outras estratégias da polícia médica e na higiene social. Nesse novo patamar, no entanto, a medicalização assume uma definida direção psiquiátrica e psiquiátrico-legal, pela qual se procura delinear a constituição subjetiva dessas figuras anômalas da feminilidade. Enfim, a psicopatologia nascente assume aqui a posição de vanguarda e de

---

[52]Nunes, S.A. *O corpo do diabo entre a cruz e a caldeirinha. Sobre a mulher, o masoquismo e a feminilidade*. Rio de Janeiro, Civilização Brasileira, 2000.

referência fundamental no campo do saber médico para delinear os novos campos do processo de medicalização.

Trata-se, pois, de figurações anômalas do feminino, na medida em que o que está basicamente em questão é sempre a **recusa da maternidade**. O que está em pauta aqui, com exceção da figura da histeria, como se verá em seguida, é a escolha de outro destino moral para essas mulheres, no qual a maternidade é recusada e o erotismo é positivamente assumido como dimensão efetiva da existência feminina. Seriam essas, enfim, as marcas eloquentes que caracterizariam as modernas figurações desviantes da feminilidade.

Com efeito, a prostituição seria caracterizada pela assunção positiva do erotismo como forma de vida e a recusa da existência familiar e maternal. Da mesma maneira, a ninfomania seria marcada pelo erotismo excessivo, que transbordaria numa espécie de desejo insaciável presente nessas mulheres. A infanticida seria aquela, enfim, que mataria de bom grado os filhos recém-nascidos, para se livrar assim do peso da maternidade e manter-se sempre livre para suas aventuras eróticas.

Contudo, essas diversas formas de figuração do desvio feminino não foram concebidas como essências absolutas. Vale dizer, uma mesma mulher poderia ser ao mesmo tempo prostituta, infanticida e ninfomaníaca. Poderia existir, então, complementaridade entre os diferentes tipos classificatórios, assim como passagem de um para o outro.

Nessas diferentes figurações, portanto, existiria uma assunção positiva do erotismo pelas mulheres, que se constituiriam como figuras da **mulher perigosa**, traço primordial da sua identidade feminina, conforme os pressupostos maternais propostos no ideário da biopolítica e do familiarismo. No entanto, existia em todas essas figurações desviantes da feminilidade uma dimensão de **passagem ao ato**, isto é, de realização direta de seus desejos eróticos e de oposição ativa à maternidade. Vale dizer, nessas formas discrepantes de ser das mulheres, as escolhas se realizavam sempre como ação no contexto social, não se restringindo, pois, ao campo do imaginário. Por isso mesmo, essas mulheres podiam ser objeto de acusações judiciárias e serem, assim, perseguidas publicamente e mesmo criminalizadas pelos seus atos, além de poderem eventualmente ser internadas como loucas em hospitais psiquiátricos, como possuídas por formas diversas de alienação mental.[53] Daí por que essas figurações do feminino se inscreverem tanto nos estudos de psicopatologia clínica quanto nos de medicina legal, conforme a gravidade assumida por seus desvios sociais. Contudo, esses destinos não se opunham absolutamente, podendo o sujeito ser, ao mesmo tempo, louco e criminoso, isto é, ser marcado simultaneamente pela alienação mental e pela criminalidade.

A histeria, contudo, nos revela outra rota de construção do território feminino. Pode-se reconhecer aqui um outro esquadrinhamento da cartografia moderna do feminino. O que caracterizaria a histeria seria, sem dúvida, a mesma oposição entre os registros da maternidade e do erotismo, sempre presente nas figurações anteriores, pela qual a mulher histérica se recusaria a identificar-se apenas com a maternidade, sendo permeada de fio a pavio pela dimensão erótica. Porém, diferente das figuras acima delineadas, a histeria não passa como aquelas para o registro

---

[53]Birman, J. *A psiquiatria como discurso da moralidade*. Rio de Janeiro, Graal, 1970.

da ação, mas manteria sua rebeldia justamente no registro do **imaginário**. Vale dizer, a mulher histérica seria aquela que gostaria de ser como a prostituta, a ninfomaníaca e a infanticida, mas que não suportaria ou não aguentaria como as outras passar da imaginação para a ação, isto é, deslocar-se do registro da fantasia para o do ato. Isso porque, ficando presa no conflito psíquico entre as demandas opostas do erotismo e da maternidade, não conseguiria jamais se deslocar do registro do imaginário para o do real. Com isso, a mulher histérica adoeceria psiquicamente, presa que ficaria, portanto, ao seu conflito moral, imobilizada e mortificada por não exercer todos os seus anseios e desejos.

Como se sabe, a histeria constituiu o grande laboratório teórico para a constituição da mulher nervosa no século XIX, para onde confluíram todas as questões referentes à feminilidade, conforme nos disse Foucault na sua *História da sexualidade*.[54] Nesses termos, a histeria seria uma produção marcante do biopoder, na medida em que neste se opôs de maneira sistemática o erotismo à maternidade, como duas formas inconciliáveis de ser da feminilidade. Da mesma maneira, a prostituição, a ninfomania e o infanticídio, nas modalidades que conhecemos desde o século XIX, seriam também produções específicas e positivas do biopoder, nas quais se sublinham as dimensões do desvio moral e social a partir do imperativo da maternidade. Trata-se, pois, de diferentes modalidades de **produção de subjetividade** advindas da estratégia desse poder, pela oposição que acabou por promover entre erotismo e maternidade no ser da mulher.

---

[54]Foucault, M. *Volonté de savoir. Op. cit.*

Foi também no contexto dessa oposição que se estabeleceu, no século XIX, a prática médica sistemática de extração do clitóris, nas mulheres mais indóceis aos imperativos da maternidade e que ansiavam também pelos doces deleites do erotismo.[55] Com isso, a extração cirúrgica do clitóris poderia colocar essas mulheres no caminho virtuoso da maternidade, já que não seriam mais tomadas de assalto por suas demandas eróticas. A maternidade acabaria por se impor por si mesma pela despossessão do desejo feminino figurado pelo clitóris.

Isso nos revela de maneira radical a oposição instituída entre erotismo e maternidade pelo biopoder, que retomou num discurso cientificista aquilo que fora estabelecido pela moral do cristianismo. A ruptura entre erotismo e maternidade constitui a diferença mais marcante entre a tradição do paganismo da Antiguidade e a do cristianismo, no que concerne ao erotismo, evidentemente, na medida em que a exclusão deste último marcou com ferro e fogo as matrizes do dito pensamento científico sobre a sexualidade na modernidade.

Porém, foi desse **solo** histórico e ético que a psicanálise se constituiu como um saber fundado na sexualidade, tendo na histeria seu ponto de inauguração e de incansável indagação. O discurso freudiano foi uma investigação interminável da histeria e da feminilidade, sendo estas as suas condições concretas de possibilidade. Foi desse solo que uma nova leitura do feminino se realizou. É o que se verá agora.

---

[55]Nunes, S.A. *Op. cit.*

CAPÍTULO V

Possuídos, nervosos e degenerados

A histeria foi a matéria-prima do discurso psicanalítico. Isso é indubitável, sendo talvez o único ponto de convergência entre os historiadores da psicanálise, não estando sujeito, pois, a nenhuma polêmica, como costuma ocorrer em outros tópicos da descoberta freudiana. Foi no esforço progressivo para desvendar o enigma que aquela representava que o discurso freudiano se constituiu na sua originalidade, não apenas para forjar uma racionalidade que a pudesse decifrar, mas também para oferecer outros destinos possíveis para aquela. Destinos psíquicos e sociais diferentes, evidentemente, que não culminassem na mortificação cronificante em vida a que eram fadados regularmente os histéricos, no final do século XIX. Com efeito, condenados a internações subsequentes e definitivas, estes eram excluídos da existência social, imobilizados para sempre na sua possibilidade de existir.

Apesar do reconhecimento, até então recente, de que não era absolutamente uma anomalia restrita ao mundo das mulheres, no momento em que Freud constituiu a psicanálise a histeria era, ainda, bastante identificada com os infortúnios da feminilidade. Apesar de todos os pesares, a histeria ainda marcava as mulheres, sendo uma das personagens nefastas em que se delineava um dos horizontes possíveis para estas. Horizonte terrível, bem entendido, já que indicava sempre para as mulheres um destino bastante tenebroso. Além disso, supunha-se ainda que existiria uma espécie de identidade de natureza entre ser mulher e poder se tornar enfim histérica em algum momento de sua existência. Enunciar a existência do nervosismo das mulheres implicava dizer, ao mesmo tempo, que aquele era de natureza histérica. Definia-se desta maneira, então, a quintessência do feminino, a sua marca irredutível e insofismável.

Nas diferentes histórias da psicanálise foi atribuída ao gênio de Freud a virtude de ter rompido definitivamente com a concepção de que a histeria era apenas uma perturbação psíquica feminina, pela evidência clínica de sua existência também entre os homens. Contudo, a história não foi bem assim, já que antes de Freud existiram efetivamente outros autores que também supunham que a histeria masculina fosse um fato incontestável. O discurso freudiano realizou, de fato e de direito, a desmistificação em larga escala no que concerne à existência da histeria masculina, rompendo definitivamente com a crença dominante de que a histeria era um atributo exclusivo das mulheres. Crença esta, diga-se de passagem, difundida não apenas no mundo do senso comum, mas também na dita comunidade científica, representada pela medicina, pela neurologia e pela psiquiatria.

É a construção teórica e histórica dessa problemática que vamos percorrer esquematicamente agora, procurando balizar o ser da histeria entre os diferentes mundos dos demônios, dos nervosos e dos degenerados, para pretender fundá-la em seguida, pela psicanálise, no campo do erotismo e do inconsciente.

I. SEXUALIZAÇÃO E DESSEXUALIZAÇÃO

No contexto do pensamento médico do século XIX, o que estava em pauta era se a histeria consistia em uma patologia **nervosa** ou em uma patologia **sexual**, no sentido estrito do termo. Essa alternativa etiológica estava no fundo do debate sobre a exclusividade feminina do ser da histeria ou sobre a presença desta também entre os homens. Era essa oposição causal que definia a distribuição entre os dois sexos do ser da histeria, ou, em contrapartida, a circunscrição daquela exclusivamente ao mundo das mulheres. Esse debate teórico inaugurou definitivamente as leituras modernas da histeria, já que, antes, a identificação desta com a feminilidade estava muito bem estabelecida nos imaginários social e médico da tradição ocidental.

Com efeito, desde a tradição grega a figura da histeria foi identificada com o ser da mulher, sendo então impensável conceber que os homens pudessem também ser histéricos. Isso porque se imaginava que histeria fosse efetivamente produzida pelo deslocamento do útero do seu lugar natural e sua inserção no sistema nervoso, o que teria, como efeito, o quadro clínico convulsionário que a caracterizava. Esse deslocamento seria provocado tanto pelo anseio de ter um filho quanto pela insatisfação erótica, pouco importa, dado que pela sexualidade é que o filho poderia ser concebido.[56] Esta era a concepção de Hipócrates que dominou toda a Antiguidade grega e romana, de maneira que era impossível pensar que a histeria fosse também masculina.

---

[56]A esse respeito, ver: Chauvelot, D. *L'Hystérie vous salue bien. Sexe et violence dans l'inconsciente.* Capítulo 1. Paris, Denöel, 1995; Trillat, E. *Histoire de l'hystérie.* Capítulo 1. Paris, Seghers, 1986.

Contudo, essa concepção não ficou restrita ao mundo da Antiguidade, mostrando um longo fôlego teórico e histórico, que fez com que perdurasse por muitos séculos, ultrapassando de longe as fronteiras da cultura greco-romana. Pode-se afirmar rigorosamente que, até o século XVIII, essa concepção ainda mantinha sua força, apesar de já ser bem combatida na sua consistência e no reconhecimento científico que provocava. Porém, é preciso destacar que, apesar de sua demolição teórica pelo discurso científico da medicina, essa concepção se mantém viva na tradição da cultura das classes populares até os dias de hoje, em regiões do mundo rural e culturas pré-modernas que tenham sido pouco tocadas pela tradição científica e pela modernidade.

De qualquer maneira, o que caracterizava a concepção da Antiguidade sobre a histeria era a íntima ligação entre a **demanda de geração** e a histeria. Com efeito, as mulheres teriam uma espécie de **fome de gerar**, um desejo de procriação que definiria infalivelmente seu ser. Demanda gratuita, aparentemente. Assim, a possibilidade e a efetividade da geração definiriam o ser da mulher de maneira inelutável, sendo o eixo fundamental para a construção da sua identidade, de forma tal que a impossibilidade daquela a conduziria inapelavelmente para a perturbação convulsionária da histeria. Ainda por essa razão, a demanda de geração seria permeada pelo desejo, já que o filho indicaria o único caminho legítimo para a construção da identidade da mulher. Com isso, o desejo feminino seria sempre disparado pela demanda de geração, de forma que entre o erotismo e a procriação os liames eram meticulosamente alinhavados no ser da mulher, não existindo então qualquer oposição entre esses.

É claro que a articulação cerrada, estabelecida entre a identidade feminina e a possibilidade de procriação, se deve ao lugar fundamental atribuído à reprodução da espécie nos processos de reprodução social, na medida mesmo em que as sociedades antigas não poderiam perdurar e desapareceriam inequivocamente sem a reprodução sexual, num contexto marcado por altas taxas de mortalidade. Com níveis irregulares e oscilantes, essas taxas se mantiveram altas até o final do século XVII, quando houve finalmente uma relativa estabilização na população europeia.[57]

Por esse viés pode-se compreender de forma adequada como a identidade das mulheres passava obrigatoriamente pelo imperativo procriativo, que se constituía também e por isso mesmo na fonte maior de seu poder social. Além disso, a tradição antropológica nos mostra com bastante ênfase como a possibilidade da procriação e da maternidade, nas sociedades arcaicas, se constitui como a dimensão fundamental para a construção da identidade feminina.[58] Nestas sociedades, com efeito, as mulheres que não conseguem procriar não têm o mesmo poder que as demais, sendo até mesmo identificadas como homens, apesar de sua condição feminina.

Portanto, se a possibilidade da existência e da reprodução social passa pela reprodução biológica, na qual a figura da mulher ocupa uma posição estratégica, pode-se depreender como a construção da identidade feminina passou historicamente pelo

---

[57]A esse respeito, ver: Flandrin, J. L. *Le Sexe et l'Occident. Évolution des attitudes et des comportements*. Paris, Seuil, 1981; Flandrin, J. L. *Familles: Parenté, Maison, sexualité dans l'ancienne société*. Paris, Seuil, 1984. Ariès, Ph. *Histoire des populations françaises*. Paris, Seuil, 1971.

[58]Héritier, F. *Masculin/Féminin. La pensée de la différence. Op. cit.*

imperativo da procriação. Além disso, pode-se depreender também, sem muita dificuldade, como a procriação se transformou num desejo fundamental, de maneira que, se não existisse, a figura da mulher poderia enlouquecer de maneira convulsionária, pela histeria.

Nesse contexto, a histeria seria necessariamente feminina, sendo impensável que pudesse ocorrer entre os homens. Se a mulher perderia seu **lugar natural** — para falar de uma maneira aristotélica — se não pudesse procriar e ter acesso à maternidade, o homem **estaria fora** de seu lugar natural se desejasse a maternidade e a procriação. E, como indiquei acima, o perfeito não poderia se tornar imperfeito segundo a lógica hierárquica da Antiguidade, isto é, o homem não poderia se tornar mulher segundo os pressupostos dessa ontologia. Enfim, seria impensável, para a Antiguidade, que um homem fosse histérico, já que a histeria era um desejo de procriação e de maternidade, traço especificamente feminino.

Na concepção de uma mulher ao mesmo tempo histérica e procriadora, está presente a ideia bem precisa de que, pela gestação e maternidade, a mulher teria algo da ordem da perfeição. Com efeito, seria como matriz procriadora que as mulheres colaborariam para a manutenção da vida e para a reprodução social, mediante a recepção da forma e da sacralidade introduzidas nelas pela perfeição masculina. Enfim, apenas por esta inscrição no seu corpo do projeto patriarcal, imposto pelos imperativos de reprodução da ordem social, custe o que custar — dado o alto nível de mortalidade existente —, a mulher poderia ser objeto de **valor, honra** e **reconhecimento** sociais.

GRAMÁTICAS DO EROTISMO

Essa concepção da histeria se manteve incólume e poderosa, até o início do século XVII, quando começou a mostrar os primeiros sinais de fratura e erosão. Não obstante às pequenas variações teóricas sobre o ser da histeria[59] e sobre a feminilidade, essa teoria permaneceu certamente como um paradigma pregnante sobre a histeria. Foi quando começou a se constituir progressivamente outra versão, segundo a qual a histeria não teria nada a ver com a genitália e o útero das mulheres, isto é, com a demanda de procriação e o erotismo, mas com uma alteração do sistema nervoso. De acordo com a nova concepção, a histeria seria o produto de uma alteração nervosa, independentemente da demanda sexual e do aparelho reprodutor.[60]

Com esse deslocamento crucial — do útero para o sistema nervoso —, produziu-se progressivamente a **dessexualização** da histeria, isto é, o fato novo forjado pela modernidade de que esta não seria uma particularidade das mulheres, mas poderia existir também entre os homens. Não quero afirmar assim que os teóricos iniciais da nova concepção nervosa tenham produzido imediatamente tal alargamento do campo empírico e clínico da histeria, o que não foi o caso. Com efeito, tais teóricos de início formularam a etiologia nervosa da histeria, mas mantiveram-na ainda no território das mulheres. O imaginário da Antiguidade indica assim o seu lastro e o seu peso, mantendo ainda a histeria no campo do feminino. Com a causalidade agora centrada no sistema nervoso, a histeria foi infalível mas lentamente arrancada do território feminino e redistribuída

---

[59]A esse respeito, ver: Trillat, E. *Histoire de l'Hystérie*. Capítulos II e III. *Op. cit.*; Chauvelot, D. *L'hystérie vous salue bien!* Capítulos 3-7. *Op. cit.*
[60]*Ibidem.*

também entre os homens. Contudo, se essas consequências passaram a ser retiradas apenas no século XIX, os pressupostos da dessexualização da histeria foram mortalmente cravados no imaginário social e científico desde o século XVII.

Deve-se registrar ainda que a nova etiologia nervosa da histeria se constituiu e veio ao mundo no mesmo contexto histórico em que o paradigma do sexo único da Antiguidade começou a se fraturar, pelos novos estudos anatômicos sobre a diferença sexual no século XVII. Vale dizer, foi no mesmo período histórico em que o paradigma hierárquico dos sexos da Antiguidade começou a ser lentamente desconstruído, na direção de uma nova concepção antropológica ligada doravante à diferença sexual, que a concepção antiga da histeria começou a ser também desconstruída lentamente, orientando-se de uma concepção sexual para outra que seria decididamente nervosa.

Tratar-se-ia, pois, de uma simples coincidência, isto é, de mero acaso e de um encontro fortuito de duas séries históricas independentes? Não acredito nisso, já que suponho aqui que uma mudança crucial na concepção da sexualidade conduziu inevitavelmente a outra concepção da histeria, mas que esta se instituiu apenas lenta e progressivamente, de maneira dominante, na racionalidade médica.

Contudo, o encontro entre as duas séries históricas — a concepção de sexualidade e a teoria da histeria — apenas começou a mostrar sua efetividade social com a revolução demográfica do século XVIII, pela qual houve uma maior estabilidade populacional e a mortalidade foi relativamente controlada em seu poder social de devastação. Essa transformação demográfica está intimamente ligada ao surgimento do biopoder, pelo qual

GRAMÁTICAS DO EROTISMO

a preocupação com a produção da vida foi articulada ao projeto estratégico de riqueza das nações. Foi com a medicalização em larga escala promovida pela nova medicina social, na qual a promoção da qualidade de vida foi destacada como um valor social primordial, que a nova concepção de sexualidade se articulou a outra concepção teórica sobre a histeria.

Nesse contexto, em que a produção de novas qualidades de vida foi posta no primeiro plano das políticas públicas, que um novo olhar sobre a maternidade e seu papel crucial para a riqueza das nações foi forjado. Em nome de uma população mais saudável, na qual as fragilidades e anomalias biológicas fossem reguladas pela medicina e pela higiene social, foi atribuído à mulher e à maternidade um novo poder de produção, tanto da raça quanto de uma população saudáveis.

Pode-se depreender daí que o **eugenismo** se impõe aqui como uma poderosa ideologia na modernidade, marcando-a como um todo e não se restringindo absolutamente aos dias negros do nazismo. Pelo contrário, o nazismo foi a explicitação levada ao extremo e ao absurdo do projeto eugênico do biopoder, de forma que podemos dizer com Baumam[61] que o Holocausto e o nazismo foram a revelação terrorífica do projeto da modernidade do Ocidente, explicitando no fundamental as ambiguidades deste.

Por isso tudo, a maternidade — a característica antiga da mulher — foi lançada agora como marca insofismável do ser feminino, a fonte única e exclusiva da sua identidade. Entretanto, na modernidade e na teoria da diferença sexual essa possibilidade

---

[61]Baumam, Z. *Modernidade e Holocausto*. Rio de Janeiro, Jorge Zahar, 1990.

foi ancorada nas estruturas do ser biológico da mulher, que teria agora marcas absolutas e insuperáveis de diferença em relação aos homens. Com isso, a maternidade assume evidentemente outra configuração e outro sentido, não obstante a continuidade existente, desde o mundo grego até o moderno, na caracterização do ser da mulher. A mesma formulação seria válida também para o ser do homem, que nesse contexto assume agora outra configuração e sentido.

Não deixa de ser curioso, que, no contexto mesmo em que a sexualidade passou a ser concebida numa direção definida pelo eixo da diferença sexual, a histeria tenha passado a ser considerada uma doença nervosa e não mais, primordialmente, uma enfermidade sexual. Parece existir aqui certa contradição ou até mesmo paradoxo, que merece ser bem elucidado, já que se poderia esperar que, num contexto em que a figura da mulher passou a ser esboçada na dimensão da maternidade, a histeria ficasse restrita ao universo feminino. As coisas não se passaram exatamente assim, mas não ficaram também tão distantes disso, pois a histeria continuou sendo uma perturbação do espírito predominantemente feminina, não obstante sua presença e seu reconhecimento também entre os homens.

Com efeito, os diferentes autores continuaram enunciando que a histeria existiria fundamentalmente entre as mulheres, apesar do reconhecimento de sua existência no contingente masculino. Vale dizer, constituiu-se uma aproximação profunda entre feminilidade e histeria, de maneira que seria das virtualidades da primeira que adviria então a segunda. O que não quer dizer, bem entendido, que a feminilidade enquanto tal ficasse restrita ao contingente das mulheres, já que poderia estar presente como marca moral também entre os homens. De qualquer maneira, é a pertinência dessa equação simbólica que deve ser aqui bem indagada.

No entanto, a originalidade teórica do discurso freudiano em relação à histeria consiste em ter realizado uma leitura da concepção nervosa desta pela qual a dimensão sexual foi realocada no interior da nova interpretação. Dito de outra maneira, Freud formulou a teoria nervosa da histeria não no sentido estrito de uma perturbação do sistema nervoso, mas numa leitura na qual o **psiquismo** poderia dar conta das ditas perturbações nervosas. Com isso, toda a tradição sexual foi alocada novamente no interior do campo do psiquismo, reatualizando, assim, todas as suas mitologias. Com efeito, o psiquismo seria regulado pela sexualidade, de forma tal que o erotismo não teria nenhuma exterioridade na sua relação com aquele. Dito de maneira mais enfática ainda, o sexual é que caracterizaria o psíquico, sendo pois seu movente, que se regularia, então, pelas demandas da libido e pelos imperativos insofismáveis do gozo.

Minha hipótese de trabalho, então, é que a leitura freudiana retomou a visão antiga pela qual a histeria seria efetivamente sexual, superando e criticando, pois, a versão da etiologia nervosa. Porém, ao mesmo tempo, Freud criticou a visão neurológica da histeria ao retomá-la e retificá-la na perspectiva de uma teoria do aparelho psíquico. A teoria freudiana do psiquismo e sua interpretação correlata da histeria seriam, assim, a retomada de alguns traços da concepção da Antiguidade, mas agora inseridos em outro contexto discursivo, no qual a problemática da diferença sexual estaria presente. Enfim, os discursos freudianos sobre o psiquismo, a histeria e o feminino implicaram então a retomada decisiva da versão antiga da sexualidade e da histeria, mas num contexto discursivo em que a diferença sexual estaria agora inserida no primeiro plano de leitura.

Esses remanejamentos cruciais fizeram com que o discurso freudiano se tornasse marcado, ao mesmo tempo, pela complexidade e pela estranheza, já que articula o **antigo** e o **moderno** numa mesma matriz teórica. Isso se revela no estilo do discurso freudiano, no qual a imprecisão científica se articula à exigência de rigor conceitual. Assim, condensa-se naquele discurso uma vigorosa crítica da moderna teoria nervosa da histeria pela assunção decidida da antiga dimensão sexual desta, o que possibilitou à psicanálise uma superação do paradigma teórico centrado no registro nervoso em nome do psiquismo, que passou a ser decididamente o novo herdeiro das virtudes da sexualidade. Com isso, todas as mitologias ligadas ao universo da sexualidade foram atualizadas agora, mas no contexto do psiquismo, na medida em que este seria perpassado pelos fantasmas e pelo erotismo que o açambarcariam.

Com efeito, foi pela pregnância fundamental atribuída ao universo dos fantasmas na regulação do erotismo que o discurso freudiano pôde restaurar, ao menos parcialmente, o campo do imaginário antigo sobre a sexualidade e ainda legitimá-lo como da ordem do direito. Tudo isso apesar das repetidas reticências do discurso científico de então em face da hipótese da sexualidade, assim como dos estranhos procedimentos de construção conceitual realizados pela psicanálise e que caracterizam indiscutivelmente o estilo de discursividade desta.

II. DEMONOLOGIA E FANTASMAGORIA

Por esse viés, poder-se-ia interpretar a aproximação realizada pelo discurso freudiano entre a demonologia e a psicanálise no que concerne à crença nos espíritos. A referência aqui é a crença na **possessão** pelo demônio e pelos espíritos em geral, fartamente desenvolvida pela demonologia ao longo da Idade Média. Falou-se muito aqui da bruxaria e da possessão demoníaca que obcecaram o imaginário medieval, em que as mulheres, tomadas de corpo inteiro pelo desejo e contrariando as sagradas obrigações familiares, foram acusadas de estabelecer um pacto com o diabo. Como consequência disso, teriam sido queimadas vivas, supliciadas em praça pública, nas fogueiras da virtude, para que o mau exemplo fosse exibido e não se alastrasse, como uma epidemia, sobre as demais mulheres.

O erotismo foi identificado aqui como uma manifestação privilegiada de forças diabólicas, que se chocava no real com os imperativos da moral do cristianismo e das boas virtudes da família. A figura da mulher possuída pelo erotismo se chocava, pois, com a da mãe, devotada que deveria ser ao marido e aos filhos, o que ameaçava ao mesmo tempo as ordens familiar e religiosa. Os historiadores já trataram fartamente da questão, de maneira que é desnecessário discorrer sobre o assunto.

O que nos interessa sublinhar, no entanto, é como, em "Uma neurose demoníaca do século XVII" (1923), Freud formulou enfaticamente que a demonologia tinha razão contra os enunciados da ciência positiva, na medida em que afirmava a presença da sexualidade na possessão demoníaca das mulheres.[62] Nesse

---

[62]Freud, S. "Une Névrose diabolique au XVIIᵉ siècle" (1923). *In*: Freud, S. *L'Inquiétante étrangeté et autres essais*. Paris, Gallimard, 1985, p. 265-315.

sentido, a psicanálise como concepção teórica se identificaria decididamente com a tradição demonológica e se contraporia à tradição da ciência positiva, já que nesta não se atribuía lugar nem para os espíritos nem para a sexualidade. Contudo, a diferença da psicanálise em relação à demonologia se atinha à natureza dos espíritos, que nesta teria um estatuto realista e naquela se circunscreveria ao registro psíquico do **fantasma**.[63]

Isso nos revela com clareza que o discurso freudiano se constituiu pelo retorno a um modelo antigo da histeria, mas reinterpretado agora a partir da hipótese teórica da existência do psiquismo permeado pela sexualidade e regulado pelos fantasmas. Além disso, indica ainda muito bem como neste estranho retorno existe uma crítica sistemática da teoria moderna da histeria, na qual esta era concebida como uma estrita perturbação do sistema nervoso. Seria isso, afinal, o que Freud queria dizer na passagem acima referida, isto é, que a demonologia tinha razão contra as formulações da ciência positiva.

Contudo, é preciso inscrever tudo isso no contexto histórico da constituição da psicanálise. Evidentemente, é preciso evocar aqui que o século XIX foi o palco de inúmeras epidemias de possessão demoníaca, similares às da Idade Média, mas nas quais as mulheres não foram mais lançadas às fogueiras das virtudes, mas receberam diagnóstico médico de histéricas.[64] Isso indicava seguramente para Freud, no seu campo histórico, a presença de signos similares nos diferentes tempos e que permitiram a

---

[63]*Ibidem.*
[64]Caroy-Thirard, J. "Posséssion, extase, hystérie au XIXᵉ siècle". *In*: *Psychanalyse à l'Université.* V, nº 19. Paris, 1980.

aproximação imaginária da histeria com as epidemias diabólicas no mundo medieval. Contudo, é preciso reconhecer ainda que esta identificação foi realizada antes por Charcot, que escreveu uma bela obra sobre o assunto.[65] Enquanto discípulo deste, Freud conhecia certamente bastante bem este livro, de maneira que foi indubitavelmente da obra do mestre que extraiu algumas das intuições em questão para poder enunciá-las numa outra versão teórica, centrada agora no psiquismo.

Tudo isso nos indica, então, não apenas a crítica freudiana sistemática da teoria nervosa da histeria, como também seu retorno ao imaginário da Antiguidade e da Idade Média, pela mediação agora da teoria do aparelho psíquico. Foi ainda em nome deste retorno mítico que o discurso freudiano pôde conferir veracidade ao que o indivíduo histérico dizia na sua teatralidade. Contudo, pelo reconhecimento da dimensão de **verdade** presente na fantasmagoria da histeria, o discurso freudiano criticava de forma contundente uma das afirmações maiores e mais eloquentes enunciadas pela medicina e pela neuropatologia, qual seja, a de que a histeria se caracterizaria pela **simulação,** pela **mentira** e pelo **engano**.[66] Existiria, enfim,

---

[65] Charcot, J.M.; Richer, P. *Les Démoniaques dans l'art*. Paris, Delahaye & Lécroshier, 1887.

[66] A esse respeito, ver: Veith, I. *Hysteria: The History of a Disease*. Chicago, University of Chicago Press, 1965; Aragon, L.; Bréton, A. "Le Cinquentenaire de l'hystérie". *In: La Révolution surrealiste*. nº 11. Paris, 1928; Wajeman, G. "Psyche de la femme: Note sur l'hystérie au XIXᵉ siècle". *In: Romantisme*, nº 13-14. Paris, 1976; Carroy-Thirard, J. "Figures de l'hystérie dans la psychanalise française au XIXᵉ siècle". *In: Psychanalyste a l'Université*. IV. nº 14. Paris, 1979; Léonard, J. *La France médicale. Médecins et Maladies au XIXe siècle*. Paris, Gallimard/ Julliard, 1978.

verdade na fantasmagoria, não sendo essa pois algo da ordem do erro, mas uma figura outra de enunciação do verdadeiro.

III. CRIANÇA, MULHER E PRIMITIVO

Com efeito, a histeria colocava uma questão fundamental para a medicina e para a neuropatologia da segunda metade do século XIX, na medida em que se apresentava sempre pela grande varie-dade de sinais e sintomas corpóreos, porém sem que pudesse, em contrapartida, ser efetivamente constatada e verificada qualquer forma de patologia somática. Isso porque, de acordo com os pressupostos da anatomoclínica, que se impôs desde o início do século XIX como o paradigma da moderna clínica médica,[67] as doenças se caracterizariam por lesões anatômicas e histológicas que seriam o fundamento das manifestações sintomáticas, isto é, seriam, de fato e de direito, a **verdade da enfermidade**. A morte que perpassaria o corpo, em diferentes extensões e escalas de grandeza, seria a verdade em última instância do ser da doença, na versão moderna autorizada então pela anatomia patológica. A lesão seria, enfim, a representação e a materialização do ser da morte no espaço do corpo anatômico.

Portanto, a histeria colocava um problema crucial para o discurso moderno sobre a enfermidade, na medida em que os sintomas e sinais pelas quais se manifestava não se inscreviam na materialidade do corpo somático. Portanto, a histeria colocava um enigma para o discurso da clínica, já que não se adequava a

---

[67]Foucault, M. *Naissance de la clinique. Op. cit.*

GRAMÁTICAS DO EROTISMO

seus padrões de racionalidade. Com efeito, o que significaria essa pletora de sintomas apresentados pela histeria, na sua diversidade e incoerência? — perguntavam-se perplexos e inquietos os médicos e neurologistas da segunda metade do século XIX, diante da inexistência absoluta de lesões somáticas que pudessem corroborar a verdade das produções sintomáticas. Apresentando-se sempre pela sintomatologia plural e ruidosa na sua diversidade, a histeria se materializava como uma espécie de enfermidade sem qualquer matéria, isto é, sem nenhuma lesão — paradoxo, encarnado, enfim, do saber anatomoclínico.

Diante da impossibilidade de resposta consistente, que fosse devidamente legitimada pelo discurso da anatomoclínica, os neuropatologistas começaram a duvidar da veracidade das queixas e perturbações apresentadas pelos histéricos. Assim, estas e aquelas não passariam de mentiras e invenções produzidas pelos supostos pacientes, que estariam, pois, simulando enfermidades inexistentes. Portanto, os histéricos não teriam rigorosamente nada, sendo então impostores, dizia a medicina oficial e universitária da segunda metade do século XIX, já que era efetivamente impossível a existência de uma enfermidade sem qualquer lesão, de acordo com os cânones estritos da anatomoclínica. Enfim, o discurso da histeria não deveria merecer crédito, e os pacientes nada mais eram do que simuladores e mentirosos, afinal de contas.

Apesar do reconhecimento científico da existência da histeria masculina, pelo menos desde o clássico e cientificamente importante estudo de Briquet[68] nos anos 50, o grande contingente

---

[68]Briquet, P. *Traité clinique et thérapeutique de l'hystérie*. Paris, Baillière, 1859.

de histéricos sem dúvida se encontrava entre as mulheres. Estas ofereciam o espetáculo mais convincente da histeria, reforçando a tese antiga de que a histeria era efetivamente uma perturbação feminina. Contudo, mesmo os autores que sustentavam a evidência clínica da existência da histeria entre os homens não colocavam absolutamente em questão que a grande população de histéricos se concentrava de fato entre as mulheres. Nesse contexto, a indagação que os autores fizeram foi a seguinte: se existe uma indiscutível predominância feminina entre os histéricos, por que a histeria também existiria entre os homens?

Quanto a isso, as respostas não eram absolutamente conclusivas. As indagações ficavam ainda em aberto, não obstante as diferentes hipóteses levantadas pelos pesquisadores. A situação permaneceu ainda confusa durante muito tempo, sem a formulação de uma teoria que fosse consistente e que desse conta do impasse e do paradoxo representado pela histeria. Não havia qualquer consenso teórico na comunidade médica. A grande investigação levada a cabo por Briquet nos anos 50 destacou-se como uma das mais importantes, não apenas porque suas respostas marcaram as pesquisas subsequentes ao longo das décadas finais do século XIX, como porque o modelo interpretativo que construiu revela uma forma bem precisa de leitura da feminilidade que era pregnante no século XIX e que se desdobrou em seguida ainda no século XX. Como veremos depois, os traços marcantes do ser da feminilidade esboçados por Briquet, pelo qual este procurava explicar a condensação da histeria no contingente das mulheres, também estará presente no discurso freudiano sobre o psiquismo feminino de alguma forma, apesar das transformações efetivas que Freud implementou no discurso sobre a mulher no século XIX.

O que nos dizia Briquet, afinal de contas, sobre a histeria? Tomando por base um farto material clínico e fazendo uso de estatística, Briquet afirmava, em sua monografia, que a histeria existia entre homens e mulheres e teria a propriedade de atravessar as diferentes idades da vida, isto é, existia na idade adulta, na infância e na velhice.[69] Assim, na hipótese de Briquet, a histeria era efetivamente uma enfermidade nervosa, que não teria qualquer relação com a sexualidade, conforme afirmavam os autores antigos, e não se restringia absolutamente às mulheres.

Estas eram as linhas de força e o desenho teórico da leitura de Briquet na sua pesquisa clínica sobre a histeria. Cabe-nos agora examinar essa interpretação nos seus detalhes, nos seus diversos enunciados, para apreendermos, na sua matriz, a configuração do ser da mulher forjada no século XIX.

Antes de mais nada, o enunciado de que a histeria existiria entre homens e mulheres, não se restringindo absolutamente ao sexo feminino, era o pressuposto maior da teoria nervosa da histeria, em sua contraposição à leitura da Antiguidade. Briquet, no entanto, aprofundou ainda mais essa formulação genérica, ao dissociar a histeria de qualquer conexão com o universo do sexo. Portanto, afirmava com isso a hipótese da etiologia nervosa de forma ainda mais cerrada, excluindo da dimensão da doença dos nervos qualquer relação com a dimensão do sexo.

Nessa perspectiva, não foi certamente um acaso o fato de Briquet procurar mostrar a existência da histeria também entre

---

[69]*Ibidem.*

as crianças e os velhos, retirando-a assim do campo exclusivo da idade adulta, tal como até então se concebia. Isso porque, se a histeria existisse também entre os velhos e as crianças, seria a prova inquestionável de que esta não tinha nada a ver com a suposta etiologia sexual. Com efeito, na concepção sexual pré-freudiana, o sexo era algo restrito ao universo dos adultos, consequência direta do amadurecimento gonadal, não existindo, pois, nenhum traço de sexualidade infantil. Além disso, na velhice igualmente não existiria processo sexual, já que a atividade das gônadas se restringiria à idade adulta. Consequentemente, o que Briquet procurava provar, por esses diversos caminhos empíricos, aparentemente tortuosos e inesperados para seu contexto histórico, era a inexistência de relação entre histeria e sexo, tanto no nível genérico de dissociação radical desta do corpo das mulheres quanto no nível particular da dimensão estrita do sexo, pela inscrição da histeria em todas as idades da vida.

Nesse contexto, o que se impõe para nós é a pergunta de como Briquet harmonizava a constatação evidente, da medicina de então, de que a histeria existia predominantemente entre as mulheres com a hipótese de que esta não tenha nada a ver com o sexo feminino ou com o sexo no seu estrito senso. A boa resposta para essa contradição e impasse poderia fundamentar solidamente a etiologia nervosa da histeria. Afirmar, enfim, que a histeria seria uma perturbação específica do sistema nervoso implicaria, pois, conciliar estes diversos enunciados na sua dimensão contraditória.

A resposta de Briquet foi bastante engenhosa, diga-se de passagem. É preciso reconhecer isso, antes de mais nada, para que se sublinhe devidamente não apenas o mérito de sua solução, como a perenidade desta na posterioridade, com todas as retificações de

GRAMÁTICAS DO EROTISMO

linguagem que sofreu, mas que mantiveram o núcleo racional da solução formulada. Vale dizer, Briquet construiu um paradigma sólido para a interpretação nervosa da histeria que permaneceu na história posterior da psicopatologia, isto é, construiu um argumento poderoso na tradição da medicina e da psiquiatria. Dito isto, o que nos respondeu Briquet, em que prefigurou também um novo esquema para a leitura da feminilidade, que também permaneceu na história da psicopatologia?

Assim, se a histeria era uma doença estritamente nervosa e não sexual, marcada pela apresentação convulsionária — que levava os antigos a dizer que a histeria era similar à epilepsia como doença sagrada —, isso se fundaria numa **falha na coordenação** do sistema nervoso sobre o corpo. Portanto, a perturbação nervosa provocaria uma **deficiência** marcante na coordenação do corpo.

Não nos esqueçamos, para acompanharmos devidamente a leitura de Briquet, de que foi nessa conjuntura histórica, na segunda metade do século XIX, que as hipóteses sobre a importância do sistema nervoso na regulação e na centralização do organismo foram formuladas, possibilitando então o desenvolvimento da neuropatologia.[70, 71, 72, 73, 74, 75] Consequentemente,

---

[70]Lanteri-Laura, G. *Histoire de la phrénologie*. Paris, Presses Universitaires de France, 1970.

[71]Hecaen, H., Lanteri-Laura, G. *Evolution des connaissances et des doctrines sur les localisations cerebrales*. Paris, Disclee de Brouwer, 1977.

[72]Hecaen, H. Dubois, J. *La Naissance de la neuropsychologie du langage* (1825-1865). Paris, Flammarion, 1969.

[73]Canguilhem, G. *La Formation du concept de réflexe au XVIIeme XVIIIeme siècle*. Paris, Vrin, 1977, 3ª edição.

[74]Canguilhem, G. "Le Concept de reflexe au XIXe siècle". *Études d'histoire et de philosophie de la science*. Paris, Vrin, 1968.

[75]Gauchet, M. *L'Inconscient cérébral*. Paris, Seuil, 1992.

Briquet estava se baseando na ciência de ponta de sua época ao evocar esta hipótese para a interpretação da histeria. Esta seria, assim, a consequência de uma perturbação do sistema nervoso central, que provocaria, em contrapartida, uma falha e uma deficiência na regulação do corpo do indivíduo.

Portanto, com essa concepção, Briquet poderia matar vários coelhos com uma só cajadada. Com efeito, se a histeria fosse efetivamente uma doença nervosa resultante de uma falha de coordenação do sistema nervoso, poder-se-ia compreender por que ocorria tanto entre as mulheres quanto entre crianças e velhos. Estranha aproximação, sem dúvida, mas bastante reveladora do ser da feminilidade em construção, como se verá posteriormente. Portanto, se a histeria acomete crianças, velhos e mulheres igualmente, isso se deve ao fato de que em todas estas situações existe uma falha na coordenação nervosa do corpo, como consequência direta de uma perturbação do sistema nervoso central.

Assim, existiria histeria entre as crianças, na medida em que seu sistema nervoso ainda estaria em formação. Com efeito, seria a **imaturidade** do sistema nervoso infantil o que explicaria a deficiência do jovem sujeito na coordenação do seu corpo somático e a consequente produção dos ataques histéricos. Da mesma forma, a **debilitação** do sistema nervoso dos idosos explicaria a perda progressiva da função nervosa e consequentemente a deficiência na regulação do corpo somático.

E as mulheres, como se inscreveriam nesse esquema interpretativo, afinal de contas? Pela **debilidade intrínseca** de suas funções nervosas, era a resposta definitiva de Briquet.

Com efeito, Briquet supunha que as mulheres teriam uma debilidade primária do sistema nervoso central, advinda de um cérebro imaturo e menor que o dos homens, como se acreditava então e por muito tempo até as primeiras décadas do século XX. Essa característica cerebral das mulheres, comparada à dos homens, seria uma marca eloquente de sua diferença sexual. Os homens teriam então um cérebro maior e mais desenvolvido do que as mulheres, marca de sua diferença sexual em relação a elas. A concepção da diferença sexual, então em franca construção, formulava as coisas dessa maneira. Com isso, as mulheres teriam menor capacidade de coordenação nervosa, não podendo regular devidamente as excitações periféricas do corpo somático, estando sujeitas então aos ataques histéricos.

Ainda por causa disso as mulheres teriam um menor desenvolvimento das faculdades intelectivas, na medida em que estas seriam derivadas do funcionamento cerebral. Consequentemente, as mulheres seriam mais propensas aos **impulsos**, aos **afetos** e aos **sentimentos** do que os homens. Estes seriam articulados pelo trabalho da **razão** e do **entendimento**, que regulariam, pois, os impulsos, os afetos e os sentimentos. Nessa concepção fundada na diferença sexual, as crises histéricas, no seu espetáculo marcado pela convulsão, seriam então a imposição do mundo corpóreo dos impulsos e dos afetos, já que não existiria uma razão reguladora que pudesse se contrapor efetivamente a estes.

Também por essa razão, nos homens a histeria era mais rara, apesar de existente. Contudo, quando ocorria, isso significava que existia uma constelação etiológica específica e uma forma de funcionamento similar à das mulheres, isto é, uma perturbação cerebral produtora de um menor poder regulador das faculdades intelectuais sobre a corporeidade e uma consequente implosão da dimensão anímica do sujeito. No que concerne a isso, é preciso evocar que desde o século XVII se acreditava que a **hipocondria** fosse a perturbação moral masculina com sintomas corporais mais frequente, pois requeria — diferentemente da histeria — um controle maior do sistema nervoso e das faculdades intelectuais sobre o corpo somático. Com isso, no homem, não existiria comumente na hipocondria a experiência convulsionária, como ocorria entre as mulheres.[76] Portanto, a neuropatologia do século XIX continuava a sustentar a leitura da oposição homem/mulher, pela contraposição entre hipocondria e histeria, fundando-se num eixo básico em que num dos polos estaria a regulação cerebral/intelectual do ser e, no outro, o corpo somático/impulsos.

Nessa construção antropológica pode-se entrever, sem qualquer dificuldade, que a figura da mulher estaria centrada no polo da **natureza**, enquanto a do homem no polo da **civilização**. Pela mediação dessas categorias do imaginário e do saber procurava-se fundamentar, de acordo com as possibilidades definidas pela natureza biológica, a diferença abissal existente entre os sexos. Enquanto representação por excelência da categoria da natureza, a figura da mulher se apresentaria pela presença do corpo somático, dos impulsos e dos afetos. Em contrapartida, a figura do homem, representando a categoria da civilização, se apresentaria pela dominância do entendimento.

Seria ainda por essa construção antropológica que as figuras da criança e do velho se aproximariam da figura da mulher,

---

[76]A esse respeito, ver: *L'Hypocondrie*. Monographie de la *Revue Française de Psychanalyse*, sob a coordenação de M. Aisensteim, Aifine, G. Pragier. Paris, Presses Universitaires de France, 1995.

na medida em que a fragilidade do desenvolvimento cerebral de ambas lhes colocaria, inevitavelmente, diante da impossibilidade de regular, pelo entendimento, os imperativos do corpo somático e dos impulsos. Mesmo que a fragilidade em questão fosse produzida por razões opostas — no caso das crianças pela imaturidade do sistema nervoso e menor desenvolvimento consequente das faculdades intelectivas; no dos velhos, pela decadência e involução do sistema nervoso e a consequente perda das faculdades cognitivas —, o paradigma teórico era o mesmo.

Isso porque estavam presentes, nesse paradigma, as ideias de **evolução** e **involução**. A vida humana, concebida pelo eixo da natureza biológica, seria perpassada inicialmente pela possibilidade de evolução, mas aos poucos perderia esse potencial evolutivo com a aproximação da morte, e então a involução se imporia. A ideia de morte passou a ser concebida como a decorrência direta da involução biológica do organismo. A concepção evolutiva marcou de maneira indelével a nova ciência da biologia ao longo de todo o século XIX,[77, 78] que de Lamarck a Darwin se desdobrou numa reflexão sistemática sobre as origens do homem e da vida. Em tudo isso, o homem evoluiria, ao longo de sua existência, do polo da natureza para o da civilização, para involuir então posteriormente, aproximando-se da morte.

Por sua diferença biológica específica, no entanto, o sexo masculino seria então menos natural do que o feminino, por mais paradoxal que isso possa soar, já que considerado no imagi-

---

[77]Foucault, M. *Les Mots et les choses*. Paris, Gallimard, 1966.
[78]Jacob, F. *La Logique du vivant. Une histoire de l'hérédité*. Paris, Gallimard, 1970.

nário como mais próximo da civilização do que da natureza. Contudo, essa leitura seria a versão moderna e cientificista da ideia de que a figura do homem teria um parentesco com o mundo divino, derivação direta da concepção da Antiguidade e da tradição patriarcal.

Evidentemente, foi pela mediação da ideia de evolução que se estabeleceu, no século XIX, a identidade entre as figuras da criança, da mulher e do primitivo, pois todos seriam, assim, representantes do polo da natureza, ainda que de maneiras diferentes, já que as duas figuras iniciais estavam inseridas apenas na ordem do indivíduo e a última também na ordem da sociedade. Contudo, a construção era a mesma, já que se pressupunha uma evolução possível e similar nas escalas da existência individual e coletiva. Existiriam, assim, seres mais e menos desenvolvidos, nas escalas dos organismos, dos indivíduos e das coletividades.

Assim, quando posteriormente o discurso freudiano encontrou no inconsciente a identificação simbólica entre as figuras da **criança**, da **mulher** e do **primitivo**, a superposição e a condensação simbólicas foram construídas antropológica e historicamente pelo imaginário social e político dos séculos XVIII e XIX. Vale dizer, a psicanálise encontrou como marca indelével e imemorial do espírito humano aquilo que foi escrito a ferro e fogo no corpo dos indivíduos, pelos processos sociais e políticos que forjaram a modernidade. A construção da dita subjetividade moderna foi regulada, pois, pelos imperativos acima circunscritos, que diferenciaram e hierarquizaram os sujeitos, de acordo com as suas especificidades e diferenças biológicas.

Nesse contexto, a figura da **loucura** foi destacada então como o elemento outro deste **quarteto dos involuídos**, isto é, dos que deixaram algo a dever ainda para incorporarem o processo da evolução rumo ao mundo da civilização. Com efeito, aquela teria algo a ver com os traços da infância, do feminino e do arcaico, como uma espécie de condensação real e simbólica dessas diferentes dimensões da involução, ou de uma evolução que ainda não tenha atingido seu termo. Por isso mesmo, a loucura como figura antropológica do imaginário oitocentista seria sempre a revelação das **origens**, pelas marcas da infância, da feminilidade e do primitivismo. Enfim, todas essas figuras deixariam ainda algo a dever ao modelo da civilização, como figuras **handicaps** que seriam desta última, de forma que, enquanto figuras ideais, poderiam ser consideradas equivalentes do ponto de vista simbólico, e servirem, assim, de matrizes para a produção das ciências humanas.[79]

IV. BIO-HISTÓRIA, APERFEIÇOAMENTO E PROGRESSO

Porém, a concepção de origem que então se destacou articulava--se de maneira cerrada à de evolução. Ambas se inscrevem na *episteme* da **história** que se destacou, como disse Foucault, como o modelo forjador da modernidade.[80] Vale dizer, os seres passaram então a ser concebidos como historicizáveis e perpassados pela ordem do **tempo**, traços indeléveis que os marcariam. Com

---

[79]Foucault, M. *Les Mots et les choses. Une archéologie des sciences humaines*. Paris, Gallimard, 1966.
[80]*Ibidem.*

isso, teriam todos uma origem, sendo regulados por um desenvolvimento, e se encaminhariam inevitavelmente para a morte e o desaparecimento. Essa inflexão temporal definiria todo e qualquer ser como histórico. A **finitude** se destacaria então como o traço definidor da natureza humana, desde a reflexão crítica de Kant,[81] que tornou então possível a construção de uma **episteme** centrada nos eixos do tempo e da história.

Quando Hegel, na aurora do século XIX, realizou a magistral epopeia constitutiva do **espírito**, este foi concebido como tecido de fio a pavio, nos menores detalhes, pelas dimensões do tempo e da história.[82] Com isso, o espírito perdeu assim a marca da atemporalidade que o teria caracterizado na dita Idade Clássica, passando a ser atravessado pelo eixo dos processos históricos e temporais, submetido também às vicissitudes do **acontecimento**. Portanto, a construção hegeliana do espírito, em *A fenomenologia do espírito*,[83] tinha, pois, como pressuposto a ideia de finitude da condição humana, exposta antes por Kant, mesmo que Hegel tenha enunciado de forma sistemática a crítica da filosofia do entendimento, pelo viés da ausência de uma perspectiva histórica.[84]

Além disso, a construção do **romance**, como modalidade de narrativa que se tornou o cânone da literatura desde o século XVIII, evidencia a impregnação da *episteme* do tempo e da história na forma da produção literária. Não resta dúvida de que

---

[81]*Ibidem*.
[82]Hegel, G. W. F. *La Phénomenologie de l'esprit* (1807). Volumes I e II. Paris, Aubier, 1941.
[83]*Ibidem*.
[84]*Idem*, volume I, introdução.

Hegel se baseou na ficção romanesca para conceber e formalizar a aventura forjadora do espírito, sendo o personagem inscrito agora na saga filosófica. Das origens até seu pleno desenvolvimento como espírito absoluto, o espírito e o conceito foram tecidos por Hegel como personagens cruciais da história do pensamento, submetidos aos imperativos do tempo e às vicissitudes dos acontecimentos. Nessa formulação, Hegel valeu-se da narrativa romanesca para nos entreter com a história da formação da consciência, nas suas modalidades de existência — subjetiva e objetiva —, para finalmente nos mostrar como o espírito absoluto, com a ordem do puro conceito, atingiu seu apogeu. Enfim, a narrativa filosófica seria impregnada, nessa construção hegeliana, de um estilo trágico,[85] bastante diferente do método dedutivo que caracterizou posteriormente a *Ciência da lógica*.[86]

De qualquer maneira, a concepção de evolução que se impôs nas tradições biológica e paleontológica é uma das realizações dessa *episteme* da história. Pensar na ordenação evolutiva das espécies, como realizou inicialmente Lamarck[87] e depois Darwin[88] de diferentes maneiras, seria conceber a construção dos seres biológicos numa perspectiva histórica, atravessados que seriam pela lógica inevitável do tempo, que impõe sucessivas e progressivas transformações nos seres naturais. Na modernidade, estes seriam considerados desde então históricos, de fato e

---

[85]Hyppolite, J. "Le Tragique et le rationnel dans la philosophie de Hegel". *In*: *Figures de la pensée philosophique*. Volume II. Paris, Presses Universitaires de France, 1971.
[86]Hegel, G. W. F. *Science de la logique*. Paris, Aubier, 1972.
[87]Foucault, M. *Les Mots et les choses. Op. cit.*
[88]*Ibidem.*

de direito, não se opondo mais de maneira radical às ordens da natureza e da cultura, já que aquela seria perpassada também pelos imperativos da história.

O conceito de bio-história, enunciado tardiamente por Foucault em *Vontade de saber*[89] como o correlato do conceito de biopoder, seria então uma consequência inevitável dos comentários realizados antes sobre a *episteme* da história e sobre a impregnação da natureza pelos imperativos da história. A bio-história seria, então, o desdobramento necessário do biopoder, maneira outra de se referir a este, já que o biopoder como efetividade e positividade supõe que se possa acreditar que a natureza biológica não é um dado inelutável e determinado desde sempre, mas algo flexível e moldado pelos imperativos do sujeito e da história. A natureza seria também temporalizável, sujeita aos desígnios humanos, que a transformariam conforme os seus interesses histórico e social.

Contudo, a possibilidade de enunciação dos conceitos de biopoder e bio-história na aurora do século XIX, para que se possa falar ao mesmo tempo de outra concepção sobre a relação das sociedades humanas tanto com a riqueza quanto com a natureza, implica reconhecer, nesse discurso, um lugar estratégico da categoria de **perfectibilidade do gênero humano,**[90] tal como enunciado por Condorcet na aurora do século XIX. Com efeito, se o gênero humano pode ser submetido a um processo contínuo e progressivo de aperfeiçoamento, numa perspectiva

---

[89]Foucault, M. *La Volonté de savoir. Op. cit.*
[90]A esse respeito, ver: Kittsteimer, H. D. *La Naissance de la conscience morale au Seuil de l'âge moderne.* 1ª Parte. Paris, CERF, 1997.

infinita e interminável, isso significa reconhecer, antes de tudo, sua plasticidade e porosidade naturais. O que implica afirmar, de maneira eloquente, que a natureza humana não seria originalmente perfeita e forjada como tal pelos desígnios de Deus, mas algo marcado pela abertura e pela imperfeição, que seriam a condição de possibilidade para promover seu aperfeiçoamento contínuo e progressivo pela própria ação humana.

Estamos então bastante distantes do modelo da tradição antiga com o advento da modernidade, já que naquela a permanência dos seres e sua constância seriam as marcas de sua natureza e do imperativo divino. Enquanto tal, existiria a fixidez dos seres, a sua identidade consigo mesmos, ditados pela natureza. Seria esta que constituiria a essência eterna daqueles. Com a modernidade, em contrapartida, os seres seriam transformáveis pelas próprias marcas inerentes de sua natureza, já que esta perderia os traços de fixidez e estaria então sujeita às mudanças imprimidas pelos agentes humanos. Daí por que os seres humanos poderiam ser aperfeiçoados pela própria ação humana, pela mediação da ciência e da tecnologia. Seria deste solo epistêmico, enfim, que se teriam forjado as concepções de biopoder e bio-história, pelas quais a medicina, como campo teórico no qual se condensavam diferentes saberes, poderia transformar as condições da natureza e dos corpos, com vistas ao aperfeiçoamento humano e ao processo de acumulação social de riqueza.

A partir do modelo esquematicamente descrito aqui, a ideia de **progresso** se constituiu como uma ideologia fundamental no século XIX e também adentrou o século XX como uma das marcas da modernidade. O progresso do gênero humano e das sociedades apenas é passível de ser pensado quando se pressupõe que a natureza em geral e o gênero humano em particular são passíveis de transformação e aperfeiçoamento. A noção de progresso se articula ainda com a de evolução, sendo, pois, as duas faces contrapostas da mesma moeda, pela qual o gênero e as sociedades humanas poderiam ser aperfeiçoadas, já que transformáveis em suas naturezas. Supõe-se, com isso, que a natureza enquanto tal seria modelável e transformável pelo gesto e pela razão humanas, pelas vias da ciência e da tecnologia. Enfim, seria ainda por essa potencialidade e virtualidade à transformação da natureza, no registro individual e coletivo, que a história se produziria e se materializaria enquanto tal.

Entretanto, para que o aperfeiçoamento do gênero e das sociedades humanas pudesse ser realizado pela mediação da ciência e da técnica, seria necessário, antes de mais nada, poder reconhecer e circunscrever os pontos de estrangulamento dos processos evolutivos. O saber poderia não apenas promover a localização e definição dos pontos de estrangulamento do processo evolutivo, mas sugerir mediações e técnicas para a promoção do progresso. A medicalização, de que fomos e somos ainda todos objetos, pautou-se nesses pressupostos, pelos quais se viabilizaram os caminhos do biopoder. O processo de acumulação de riquezas pela via da promoção da qualidade de vida da população, como forma de se conceber de outra maneira a riqueza das nações e a acumulação de capital, constituiu--se também pela **classificação** dos obstáculos ao progresso do gênero e das sociedades humanas, para que estes pudessem ser transformados pela **racionalidade civilizatória**.

Nesses diversos sistemas classificatórios, no entanto, procurava-se circunscrever tanto a plasticidade da natureza quanto os seus limites, para que então todas as possibilidades de transformação desta pudessem ser delineadas em todo seu fôlego e elasticidade. Os diferentes saberes, que se inscreviam no campo da nova medicina social, funcionaram sempre no âmbito desse comprimento de onda antropológico, que definia simultaneamente a plasticidade da natureza à transformação e seus limites intransponíveis.

Além disso, toda a organização pedagógica no século XIX centrou-se na então recente **psicologia do desenvolvimento**, que pôde definir as regras e delinear as políticas para a escolarização obrigatória. Com efeito, pensar nas íntimas relações existentes entre as idades da vida com os indicadores de inteligência, para potencializar o processo de aprendizagem e o progresso escolar das crianças, foi a maneira pela qual se pensava na relação fundadora entre a plasticidade e os limites da natureza, nos campos da inteligência e da pedagogia.

Delineou-se assim, então, um novo campo de **anomalias**, construídas todas pelas ideias de progresso e biopoder, pelo qual a racionalidade médica pudesse intervir nos obstáculos da natureza, para poder promover, afinal, o aperfeiçoamento do gênero humano. Considerando as possibilidades e os limites dos processos evolutivos, as anomalias seriam então os signos maiores dos estrangulamentos a serem superados na natureza biológica, para que o gênero e as sociedades humanas pudessem ser, então, aperfeiçoados.

Contudo, isso também construiu o seu reverso, o outro lado da mesma moeda, pelo qual se formou uma nova **hierarquia** de seres na modernidade, baseados agora numa maior mobilidade da natureza e em sua própria plasticidade. Com efeito, o processo de aperfeiçoamento teve, como contrapartida inevitável, uma nova hierarquia do gênero humano, fundada agora nos seus obstáculos e possibilidades evolutivas, de natureza biológica, e nos seus impasses e perspectivas para o aperfeiçoamento da espécie.

Portanto, uma nova **cartografia** se constituiu, baseada nas anomalias definidas pela natureza, cujos limites e plasticidade ocupavam agora posições estratégicas para o mapeamento do gênero e das sociedades humanas. Isso tudo constituiu a matéria-prima do processo de medicalização, pelo qual o biopoder se ordenou e tomou fôlego para construir a tessitura do social enquanto tal. Foi, enfim, sobre essas anomalias que a bio-história se construiu, realizando suas narrativas científica e tecnológica, tendo sempre o biopoder como seu Outro.

Nesse contexto mais amplo é que se deve inserir agora a leitura de Briquet sobre a histeria e o esboço perene que traçou da figura da mulher na modernidade, já que nesta nova inscrição a interpretação de Briquet ganha novos contornos e coloridos, realçando suas potencialidades.

V. DEGENERAÇÃO

O que se deve sublinhar na leitura de Briquet sobre a histeria, além do que já dissemos, é a circunscrição estrita da figura da mulher a certas limitações impostas pela natureza, com as consequências disso sobre suas funções morais, todas decorrentes da relativa falta de controle sobre o corpo. As possibilidades intelectuais e simbólicas daquela seriam limitadas, tal como ocorreria também com as figuras da criança e do velho. Dentro

GRAMÁTICAS DO EROTISMO

desses limites, definidos pela diferença de natureza em relação à figura do homem, a condição feminina poderia ser aperfeiçoada, é óbvio, mas jamais ter os mesmos atributos daquele, pela própria diferença de natureza entre ambos.

Além disso, Briquet forjou uma figura da mulher, do ponto de vista antropológico, que a circunscreve numa posição de inferioridade hierárquica em relação ao homem, não obstante a designação para aquela de funcionalidades sociais positivas, dentre as quais a maternidade. Nessa inferiorização hierárquica, no entanto, existiria a atribuição de uma positividade moral e social para a mulher, que agora é investida da governabilidade do espaço privado e do cuidado dos filhos. Tudo isso com a devida articulação com a medicina, pela mediação dos saberes recentes da pediatria, da ginecologia e da obstetrícia. Apenas no interior desse espaço a mulher poderia ser aperfeiçoada, seguindo e sendo instrumentada pelo biopoder nas suas virtualidades naturais. A transgressão, com tais limites e virtualidades, não seria imaginável, pois constrangeria de maneira impossível a natureza e a essência da mulher.

Nessa natureza concebida como plástica e aperfeiçoável, contudo, a medicalização interviria nos seus pontos de estrangulamento, procurando transformar as anomalias. A fixidez absoluta e inflexível dos seres na Antiguidade foi substituída, então, pelo dinamismo, recriando agora uma hierarquia dos seres determinada pela natureza, mas que, ao mesmo tempo, possibilitara uma ação sobre esta com vistas ao progresso civilizatório e à riqueza das nações como seu correlato.

Por esse viés a categoria de *degeneração* foi forjada nos discursos médico e psiquiátrico, em meados do século XIX, sendo o terreno pelo qual as anomalias estranguladoras do progresso poderiam ser transformadas pelos saberes e instrumentos tecnológicos da medicina. Forjada ao que parece por Morel, numa obra clássica do final dos anos 50,[91] a categoria de degeneração articulava intimamente os registros diferenciados do biológico e do civilizatório num grande círculo interpretativo, mediado pelas perturbações do somático e do cérebro, de maneira a possibilitar uma hierarquia natural dos seres e um grande projeto de aperfeiçoamento civilizatório destes, pelas vias da medicina somática e da medicina moral, agenciadas pelas instâncias da terapêutica e da prevenção.

Assim, seria sempre em nome da degeneração da espécie humana que se poderia estabelecer uma hierarquia marcada no interior anunciado por esta última, além da possibilidade de uma agenda ética e política para a transformação desta hierarquia em nome da ideologia do progresso e da igualdade dos cidadãos como seu alvo. O que implica dizer que a hierarquia ontológica da Antiguidade, marcada pela fixidez, foi transformada, na modernidade, numa hierarquia fundada nas supostas diferenças naturais presentes na sociedade democrática e pretensamente igualitária forjada pela Revolução Francesa. Enfim, a igualdade seria então uma promessa e uma proposta humanitária, a ser conseguida pela homogeneização dos cuidados médicos e da educação, no poderoso processo do biopoder que seria finalmente mediado pela medicalização.

---

[91]Morel, M. A. *Traité des dégenérescences physiques, intellectuelles et morales de l'espécie humaine et des causes qui produisent ces variétes maladives.* Paris, J. B. Baillière, 1857.

O projeto da eugenia, promovido pelo nazismo e pelo paradigma teórico da antropologia racial, se constituiu precisamente no campo da medicalização promovido pela categoria de degeneração, sendo até mesmo um dos projetos maiores anunciados por esta última.[92] A prática da pura eliminação e de proibição sistemática do cruzamento dos incapazes, por doenças incuráveis e degenerativas, foi legitimada no ato final de uma dramaturgia escatológica iniciada triunfalmente com a teoria da degeneração. Com efeito, a crença na melhoria das condições raciais e biológicas da espécie, fundada no discurso da ciência, tinha também como contrapartida possível a eliminação dos indesejáveis por natureza, isto é, os que poderiam finalmente produzir a decadência da espécie humana.

Foi ainda em torno do paradigma da degeneração que se passou a conceber as perversões sexuais, que seriam definidas pela impossibilidade de promover efetivamente a reprodução da espécie, legitimada sempre pelo biopoder. Com efeito, se este seria aparentemente centrado na promoção da vida biológica e não na da morte,[93] a questão da reprodução da espécie e da formação de uma população saudável estaria no ponto de mira do biopoder. Com isso, as perversões sexuais seriam obstáculos poderosos às estratégias do biopoder, justamente porque teriam na bestialidade do gozo o seu ponto de apoio contra os imperativos da reprodução. Enfim, as perversões sexuais

---

[92] A esse respeito ver: Band, J. P. "Genèse intitutionnelle du génocide". *In*: Olff-Nathan, J. *La Science sous le troisième Reich*. Paris, Seuil, 1993; Massin, B. "Anthropologie raciale et national-socialisme: heurs et malheurs du paradigme de la race". *Idem*.

[93] Foucault, M. *Volonté de savoir. Op. cit.*

seriam modalidades de anomalia e até mesmo de antinatureza, que deveriam por isso mesmo ser corrigidas medicamente e até eliminadas, em nome sempre das exigências maiores da reprodução e do biopoder.

A constituição da sexologia, com as classificações e descrições detalhadas das perversões sexuais (intituladas sempre aberrações), seria uma das derivações maiores do paradigma da degeneração.[94] Além disso, as perturbações do psiquismo, intituladas desde o início do século XIX como alienação mental, que também não podiam ser inseridas no cânone teórico da anatomoclínica, foram também explicadas pela degeneração.[95] Enquanto uma grande chave interpretativa, a degeneração era um dos eixos teóricos centrais para a construção da biopolítica, que do biológico ao moral, mediado pela terapêutica e pela prevenção, possibilitava um campo imenso para a higiene moral e para a medicalização do social.

Portanto, é nesse contexto bastante abrangente e complexo que se precisa retomar agora frontalmente as problemáticas da histeria, da mulher e da feminilidade nos campos da psicopatologia, da medicina e da psicanálise então nascente.

---

[94]Freud, S. *Trois essais sur la théorie de la sexualité.* 1º ensaio. *Op. cit.*
[95]A esse respeito, ver: Birman, J. *A psiquiatria como discurso da moralidade. Op. cit.*; Foucault, M. *Histoire de la folie à l'âge classique.* Paris, Gallimard, 1971.

CAPÍTULO VI

Uma desconstrução do biopoder?

A pesquisa clínica de Charcot e da neuropatologia francesa em geral sobre a histeria percorreu inicialmente os novos pressupostos autorizados pela concepção nervosa. Após realizar a classificação, ao mesmo tempo clínica, etiológica e anatomopatológica, das diferentes perturbações nervosas, de acordo com os cânones da anatomoclínica, se voltou afinal para a própria realização do trabalho científico sobre a histeria. Contudo, esta não se mostrou tão dócil ao charme e à sedução de Charcot, que se viu impossibilitado, assim, de encontrar, como queria, o substrato lesional para a histeria.

Sem dúvida, o desafio maior do percurso científico de Charcot foi a histeria, cujo estudo deixou para o fim de sua longa classificação e explicação das demais enfermidades neuropatológicas justamente porque sabia das dificuldades clínicas e teóricas colocadas para sua elucidação teórica. Como se sabe a condição enigmática da histeria, para a racionalidade médica de então, justificava essa posição de Charcot.

Com efeito, numa perturbação moral permeada pela polivalência sintomática, na qual se destacavam as diversas paralisias, as perturbações sensoriais e as alterações de diferentes órgãos e a multiplicação de sintomas, era obscuro o que unificava as diferentes produções sintomáticas. Se é que unificação existia, o que não era líquido e certo. Tudo isso desorientava os médicos tanto na realização do diagnóstico clínico quanto na pesquisa de sua causalidade. No que tange à questão da terapêutica, as impossibilidades se avolumavam e se multiplicavam ainda mais, considerando-se a existência dos obstáculos anteriores.

Além disso, a histeria se caracterizava por ataques e crises nos quais era bastante difícil estabelecer as fronteiras precisas com a epilepsia. Isso porque aqui as manifestações tinham um traço marcadamente convulsivo que confundia até mesmo os neurologistas mais bem treinados. Uma imensa massa de observações e pesquisas foi então realizada, redundando em múltiplas publicações, com a finalidade de distinguir a histeria e a epilepsia.

Passou-se a considerar, por causa disso, a histeria como essencialmente marcada pela simulação e pela mentira, de maneira que os pacientes passaram a ser julgados como seres não confiáveis que inventavam enfermidades inexistentes. A desconfiança moral se instituiu, então, na relação da medicina clínica e da neuropatologia com os histéricos, já que estes poderiam se instalar no limite de qualquer quadro sintomático e de qualquer doença. A histeria seria assim um caleidoscópio de sintomas, porque diversos signos eram submetidos às mais variadas combinações inesperadas, além de se atualizar na mesma pessoa por uma grande mutação sintomática, que desafiava a lógica da racionalidade anatomoclínica. Como a figura do camaleão, a histeria primava pela reformulação contínua dos sintomas, que provocava perturbação e perda de referência entre os médicos, orientados sempre pelo discurso da anatomoclínica. Por esse motivo, a histeria era uma fonte permanente de perplexidade e apresentava-se sempre como um enigma.

I. LESÃO E SUGESTIONABILIDADE

Diante desse caos instituído nos campos da medicina e da neuropatologia, Charcot procurou inscrever a histeria no discurso da anatomoclínica, mas admitiu que não conseguia circunscrever aí a tão esperada lesão, mas que certamente o desenvolvimento da ciência médica permitiria bem defini-la no futuro. Além disso, reconheceu ainda desconhecer a etiologia dessa estranha doença, enunciando que se tratava de uma alteração nervosa desconhecida.

De qualquer maneira, admitiu que se tratava de fato de uma enfermidade nervosa e cerebral, e que sua causalidade poderia ser fundamentada por pesquisas futuras. Com efeito, haveria de existir uma lesão do sistema nervoso, sem dúvida, que o progresso da neuropatologia e de seus métodos de pesquisa possibilitariam desvendar e determinar posteriormente.

Contudo, Charcot deu outros passos importantes na investigação da histeria. Assim, passou a admitir que esta poderia ser a consequência de **traumas** nervosos, oriundos de choques mecânicos, que provocariam a tal alteração nervosa desconhecida. Nessa pesquisa, passou a submeter a histeria ao trabalho da hipnose, maneira também de driblar as supostas simulação e mentira histéricas, e poder ter acesso então a um discurso seminal dos pacientes. Além disso, a hipnose permitiria ao médico intervir terapeuticamente na histeria, na medida em que esta se mostrava marcada pela **influência**, pela **sugestão** e pela **persuasão**. Sugerindo ideias opostas àquelas que acossavam e dominavam o imaginário dos sujeitos, Charcot procurava persuadi-los do mal fundado de suas crenças obcecantes. Com isso, Charcot conseguia melhorar clinicamente o estado dos pacientes e mesmo curar os sintomas da histeria pela sugestionabilidade hipnótica.[96]

Porém, para Charcot a sugestionabilidade na histeria seria a consequência certeira de uma **lesão** nervosa, provocada possivelmente por traumas mecânicos, advindos principalmente de acidentes ferroviários. Os traumas provocariam as alterações nervosas desconhecidas, que possibilitariam, ao mesmo tempo, a sugestionabilidade dos histéricos. A caracterização nervosa e lesional da histeria, segundo a racionalidade da anatomoclínica, não colocava nenhuma dúvida para Charcot, não obstante os avanços de sua pesquisa, possibilitada pela utilização da hipnose e que colocaram radicalmente em questão o postulado da leitura nervosa daquela.

---

[96]A esse respeito, ver: Freud, S. "Preface to the Translation of Charcot's Lectures on the Diseases of the Nervous system" (1886). *In*: *The Standard Édition of The Complete Psychological Works of Sigmund Freud*. Volume I. Londres, Hogarth Press, 1970; Freud, S. "Preface and Footnotes to the Translation of Charcot's Tuesday Lectures" (1892-1894). *Idem*, Volume I; Freud, S. "Charcot" (1893). *Idem*, Volume I; Charcot, J. M. *L'Hystérie. Textes choisis et présentés par E. Trilliat*. Toulouse, Privat, 1971; Chertok, R., Saussure, R. *Naissance de la psychanalyse*. Paris, Payot, 1973; Thullier, J. *Monsieur Charcot de La Salpêtrière*. Paris, Robert Laffont, 1993; Bannour, W. *Jean-Martin Charcot et l'hystérie*. Paris, Métaillie, 1992; Didi-Huberman, G. *L'Invention de l'hystérie. Charcot et l'iconographie photographique de La Salpêtrière*. Paris, Macula, 1982; Gauchet, M.; Swain, G. *Le vrai Charcot. Les chemins imprévus de l'inconscient*. Paris, Calmann-Lévy, 1999.

GRAMÁTICAS DO EROTISMO

Para Bernheim, no entanto, a histeria seria produzida diretamente pela sugestão. Esta seria sua causalidade, em última instância. Daí poder ser efetivamente curada pela hipnose e pela persuasão, que funcionavam pelo enunciado de outras sugestões que e se contraporiam então às sugestões mórbidas. Assim, a histeria seria permeada pela sugestionabilidade, razão pela qual poderia incorporar os mais diversos quadros clínicos e se materializar por diferentes formações sintomáticas. Além disso, se a sugestionabilidade era o caminho para a produção da enfermidade, seria ainda o meio privilegiado pelo qual se poderia curar a histeria, isto é, pela ação da contrassugestão e contra a sugestionabilidade inicial.[97]

Pode-se depreender daí que Bernheim e a escola suíça trabalhavam num outro campo teórico, bastante diferente do de Charcot e da escola francesa, ao formular uma hipótese puramente psíquica para a histeria. Seria a sugestionabilidade enquanto tal, marca psíquica por excelência, que produziria então a histeria. Esta se caracterizaria, enfim, pela capacidade da autossugestão, pela qual se constituiriam e se ordenariam as caleidoscópicas e camaleônicas produções sintomáticas.

---

[97]A esse respeito ver: Freud, S. "Preface to the Translation of Bernheim's Suggestion" (1888). In: *Standard Edition of The Complete Psychological Works of Sigmund Freud*. Volume I. *Op. cit.*; Freud, S. "Review of August Forel's Hypnotism" (1889). *Idem*; Freud, S. "Hypnosis" (1891). *Idem*; Bernheim, M. *L'Hystérie. Définition et conception. Pathogénie. Traitement*. Paris, O. Doim et fols, 1913.

II. INFLUÊNCIA E CONVENCIMENTO

De qualquer maneira, existia certa similaridade nos diferentes caminhos da pesquisa e uma convergência no registro da constatação clínica entre Charcot e Bernheim, entre as escolas francesa e suíça, não obstante as diferentes explicações teóricas que estes formularam. A similaridade e a convergência eram a consequência direta da utilização do mesmo instrumento, de investigação e de terapêutica, denominado hipnose.

Com efeito, o que caracterizava este instrumento era o poder de **influência** que um sujeito poderia exercer sobre o outro, por um lado, e a mediação da **linguagem**, pelo outro, na regulação desta influência. Na **cena hipnótica** teríamos então uma relação **assimétrica** entre dois personagens, o médico e o paciente, na qual um dos agentes estaria instituído numa **posição** de grande **poder** e o outro na posição de **submissão**. Em seguida, a posição do agente terapêutico seria revestida de charme, fascínio e sedução, pelo próprio poder que encarnava e pela sua reconhecida possibilidade de curar. Finalmente, a cena hipnótica seria mediada pela linguagem, isto é, pelo diálogo assimétrico entre o médico e o paciente, mediante a qual as sugestões e persuasões poderiam ser realizadas e produzir efeitos terapêuticos aparentemente milagrosos no paciente.

Portanto, a cena hipnótica se constituiria, então, numa hierarquia de poder entre as figuras do médico e do paciente, em consequência da assimetria de forças entre os personagens. Além disso, a cena em questão se tece pelo confronto decisivo entre uma figura de **atividade** e outra que ocupa o polo da **passividade**. Daí o charme e a sedução absolutas que um poderia sempre exercer sobre o outro.

É preciso evocar aqui que o dispositivo hipnótico, retomado na segunda metade do século XIX para superar os obstáculos da histeria, inscreveu novamente no campo médico aquilo que já existira antes como prática terapêutica, representado pelo denominado **magnetismo animal**,[98] que antecedeu historicamente e que se seguiu à Revolução Francesa. Sabe-se que Mesmer, o grande taumaturgo da terapêutica baseada no magnetismo animal, foi considerado um charlatão, na medida em que a academia francesa de ciências não ficara absolutamente convencida da racionalidade e cientificidade de seu dispositivo terapêutico, não obstante o imenso sucesso público deste, como consequência da melhoria clínica de seus pacientes. Com isso, Mesmer acabou por sair da França, vindo a morrer humilhado no ostracismo científico, condenado que foi ao charlatanismo.[99,100]

Contudo, nas décadas iniciais do século XIX o hipnotismo continuou a ser sistematicamente investigado em diferentes países europeus e também na França, principalmente com finalidade de pesquisa científica e não para utilização terapêutica imediata, devido ao peso nefasto representado pela interdição da comissão de sábios coordenada por Lavoisier.[101, 102] O método foi então depurado, isto é, retiraram-lhe alguns dos artefatos teatrais promovidos pelo dispositivo terapêutico de Mesmer, sendo esse, portanto, decantado e reduzido somente aos seus eixos

---

[98]Mesmer, F.H. *Le Magnétisme animal*. Paris, Payot, 1973.
[99]Rausky, F. *Mesmer et la révolution thérapeutique*. Paris, Payot, 1977.
[100]Chertok, L., Stengers, I. "Capítulo 1". *O coração e a razão. A hipnose de Lavoisier a Lacan*. Rio de Janeiro, Jorge Zahar, 1990.
[101]*Ibidem*.
[102]Nathan, T., Stengers, I. *Médecins et sorciers*. Paris, Synthélabo, 1995.

fundamentais.[103] Estes eram assim representados pelas figuras do médico e do paciente, mediados pelo olhar do primeiro e por um instrumento de fixação do olhar do segundo na figura engrandecida do médico, catalisados sempre pela linguagem. Este método assim depurado, filtrado, pois, de sua canga considerada desprezível, foi reutilizado por Charcot e Bernheim nas décadas finais do século XIX. Contudo, não se pode esquecer de que, no fundamental, não existia diferença efetiva entre o dispositivo terapêutico de Mesmer e aquele outro que foi clinicamente instrumentado na segunda metade do século XIX, já que os ingredientes básicos eram os mesmos.

Contudo, a justificativa teórica e o fundamento do dispositivo terapêutico eram bem diferentes. Com efeito, para Mesmer o dispositivo funcionava baseado teoricamente num discurso de estilo pré-científico, isto é, numa linguagem ainda cosmológica do Renascimento.[104] Por isso mesmo, foi interditado pela comissão de sábios instituída pela Academia de Paris. Em contrapartida, com a depuração sofrida ao longo do século XIX, aquele passara a ser fundamentado no discurso da ciência moderna, o que lhe conferiu evidentemente outra legitimidade.[105] Portanto, as teorias físicas foram inseridas na explicação das ações hipnóticas, de maneira a recobri-las então com certo halo de respeitabilidade e legitimidade científica.

---

[103]Barrucand, D. *Histoire de l'hypnose en France*. Paris, Presses Universitaires de France, 1963.

[104]Birman, J. *Freud e a interpretação psicanalítica*. Rio de Janeiro, Relume Dumará, 1989.

[105]Barrucand, D. *Histoire de l'hypnose en France. Op. cit.*

Porém, isso ainda não é tudo. É preciso considerar que a persuasão apenas se transformou em técnica terapêutica legítima pela construção da sociedade democrática, regulada pelo ideal do igualitarismo pós-revolucionário. Assim, a persuasão inscreve-se como uma das modalidades fundamentais das técnicas de convencimento que se implementaram largamente na modernidade, pelo advento do ideal democrático e do suposto igualitarismo produzidos pela Revolução Francesa. Seria bastante difícil conceber a transformação do hipnotismo numa técnica terapêutica de vasta utilização, ao longo do século XIX, se aquele não fosse efetivamente legitimado pelas práticas de persuasão que se impuseram no Ocidente com o discurso democrático e o suposto reconhecimento da igualdade dos cidadãos.

Com efeito, numa sociedade de iguais, pelo menos do ponto de vista formal do discurso jurídico da sociedade burguesa, não se poderia impor algo brutal e verticalmente aos cidadãos, como se passava ainda no Antigo Regime, mas estes teriam de ser devidamente convencidos do que se propunha, de maneira sempre persuasiva. Com isso, as práticas da argumentação foram então introduzidas largamente na retórica política e no espaço social, com efeitos de persuasão sobre o público. Porém, isso implicava a presença e a existência de um capital de sedução dos agentes sociais, com a finalidade de impor convencimentos e construir consensos no espaço público. Minha hipótese, portanto, no que tange a isso, é que o hipnotismo e a persuasão se inscreveram decididamente na **cena terapêutica** como um desdobramento crucial do **dispositivo de convencimento** mais amplo então existente e recentemente instituído no espaço público.

Evidentemente, à medida que o igualitarismo como reconhecimento e exigência foi se tornando algo cada vez mais real e não apenas formal, as práticas persuasivas de convencimento foram se aperfeiçoando e se sofisticando, não apenas ao longo do século XIX como mais ainda no século XX. De qualquer forma, a transformação rigorosa que sofreu e de que foi objeto o dispositivo clínico de Mesmer, na sua redução ao essencial, com a retirada do entulho espetaculoso proveniente do cenário clássico, foi certamente uma das resultantes maiores do aperfeiçoamento dos discursos da persuasão e do convencimento, possibilitados pelas práticas do igualitarismo, no contexto de uma sociedade progressivamente democrática.

Assim, com Charcot e Bernheim, o hipnotismo e a persuasão foram reduzidos ao dispositivo fundamental, referendando apenas neste os instrumentos de base que poderiam facultar a ação de um sujeito sobre o outro. Trata-se, pois, de um **dispositivo de influência**. Vale dizer, uma prática centrada na relação assimétrica entre dois personagens, na qual a assimetria se funda pelo investimento feito por uma das figuras sobre a outra, pela atribuição de **poder** e de **reconhecimento simbólico** de uma figura sobre a outra, advindo daí a possibilidade efetiva de convencimento e sugestionabilidade. Enfim, apesar da aura de **magia** que ainda envolve a cena hipnótica — o olhar do médico, o instrumento para fixação do olhar do paciente, a iluminação semiobscura do cenário, a posição deitada de uma das figuras e em pé da outra —, o dispositivo estaria centrado, já aqui, nos seus instrumentos fundamentais.

Foi pela reconfiguração desse cenário marcadamente assimétrico e pela reinterpretação das leituras de Charcot e Bernheim sobre o ser da histeria que Freud não apenas pôde reinventar esta como também construiu a psicanálise, numa aventura teórica marcada ao mesmo tempo pela continuidade e pela descontinuidade.[106] A leitura do feminino empreendida pelo discurso freudiano está, assim, na encruzilhada entre a descontinuidade e a continuidade, na qual a problemática da diferença sexual e a figura da histeria certamente ocuparam lugares estratégicos. Nessa passagem, estamos sublinhando de novo as ambiguidades daquele discurso no que se refere à figura da mulher, o qual oscila permanentemente entre um passo à frente e outro atrás, na sua cadência interpretativa da subjetividade feminina.

III. EROTISMO

Com a psicanálise, a histeria sofreu remanejamentos significativos, promovendo então descontinuidades e rupturas, por um lado, e permanência e continuidade, pelo outro. Se Freud reconheceu o discurso da modernidade sobre a diferença sexual, também retomou, paradoxalmente, o discurso da Antiguidade, fundado no **monismo** sexual. Vale dizer, o monismo sexual seria, assim, a versão freudiana e moderna da antiga concepção do sexo único. Esta é uma das hipóteses fundamentais que fundam a leitura do discurso freudiano sobre a sexualidade e a oposição entre o masculino e o feminino que me proponho a realizar aqui.

---

[106]A esse respeito, ver: Laplanche, J. *Le baquet. Transcedance du transfert*. Problématiques V. Paris, Presses Universitaires de France, 1997.

Porém, antes de começar a tematizar propriamente a leitura freudiana da histeria, é necessário estabelecer os pontos de ruptura e conexão com a tradição anterior no plano da metodologia freudiana. Isso porque a metodologia construída pela psicanálise teve uma relação de fundação com a nova leitura proposta para a histeria.

Assim, relancemos as questões fundamentais. Se para Charcot a histeria seria uma enfermidade nervosa e centrada na lesão, como já vimos, para Bernheim seria uma perturbação psíquica fundada na sugestionabilidade. A histeria seria produzida por um processo de autossugestão, radicado numa tendência inerente do sujeito à sugestionabilidade.

Como sabemos, Freud foi igualmente discípulo de Charcot e Bernheim. Assim, a viagem a Paris transformou a direção de seu trabalho de fio a pavio, pois foi lá que passou a se interessar vivamente pela histeria, de maneira sistemática e contínua, realizando a guinada definitiva para o campo clínico da neuropatologia. Contudo, Freud se interessou também pela concepção e pela prática de Bernheim, maneira de se contrapor ao fascínio do mestre francês e de seu olhar de esteta da clínica.[107] Pela mediação de ambos, passou a se instrumentar terapeuticamente com a hipnose, realizando então a psicoterapia persuasiva ao lado da hipnótica.

Contudo, empreendeu para isso a crítica sistemática das concepções de seus mestres, da qual retirou alguns fragmentos considerados pertinentes e se despojou de outros supostamente inconsistentes, caminhando decidido para uma leitura

---

[107]Birman, J. *Freud e a interpretação psicanalítica. Op. cit.*

outra da histeria. Leitura esta marcada sempre pela originalidade, na qual a ousadia esteve sempre presente no percurso
de Freud. No que concerne a isso, não há nenhuma dúvida,
tanto para seus contemporâneos quanto para a posteridade
pós-freudiana.

Assim, o discurso freudiano criticava inicialmente a concepção de Bernheim, não pela razão simplista de que seria uma teoria psicológica da histeria, bem entendido, na medida em que a
concepção psicanalítica foi marcada pela proximidade com a versão psicológica. Quanto a isso também não existe dúvida. Com
efeito, se Freud reconhecia a dimensão da sugestionabilidade
da histeria, já que a clínica lhe mostrava isso cotidianamente,
acreditava, no entanto, que a tal sugestionabilidade deveria se
fundar em alguma outra coisa, sob o risco de se transformar
num traço vazio do psiquismo.[108]

A razão de ser da histeria não poderia ser uma lesão nervosa,
de causa traumática, pois as investigações anatomoclínicas nada
indicavam sobre isso. Os cérebros dos histéricos mostravam-se
silenciosos quanto a isso. Freud passou a supor que existiriam
marcas psíquicas que fundariam então a sugestionabilidade.
Assim, o discurso freudiano transformou a lesão nervosa em
traço psíquico, que seria uma verdadeira cicatriz mental que
poderia dar conta da experiência histérica. Com isso, deslocou
decisivamente o lugar da histeria, promovendo a passagem desta
do campo somático para o psíquico, superando e se desviando

---

[108]A esse respeito, ver: Freud, S. "Preface to the Translation of Bernheim's Sugges-
tion". In: *The Standard Edition of the Complete Psychological Works of Sigmund
Freud*. Volume I. *Op. cit.*; Freud, S. "Hypnosis". *Idem*; Freud, S. "Review of August
Forel's Hypnotism". *Idem*.

então de uma concepção neurológica e nervosa da experiência histérica.[109]

Além disso, o discurso freudiano considerou que essas cicatrizes e marcas psíquicas estariam vinculadas a experiências traumáticas, como na concepção de Charcot. Contudo, o trauma foi considerado agora numa perspectiva eminentemente psíquica, sem qualquer vinculação com os choques mecânicos e as possíveis contusões do sistema nervoso. O trauma deixaria, assim, marcas psíquicas indeléveis, inscrevendo-se como cicatrizes e que se fariam presentes nos ataques histéricos. Essas marcas e cicatrizes produziriam então efeitos psíquicos, inscrevendo-se nas tramas da memória, em que o sujeito procurava excluir ativamente do campo mental pelo efeito doloroso que causava a sua evocação. Por meios voluntários e involuntários, o sujeito excluía tais lembranças do campo da consciência e do eu, para evitar a dor psíquica provocada pela evocação.[110]

Nessa perspectiva, a crise histérica de caráter convulsionário seria uma forma de recordação da experiência traumática, por um lado, e uma desesperada tentativa de eliminação definitiva das marcas cicatriciais que provocariam irritabilidades no psíquico, por outro. Foi nesse contexto específico que Freud pôde enunciar, com Breuer, que "os histéricos sofrem de reminiscências".[111] A ofensa psíquica de que o sujeito teria

---

[109]Freud, S. Breuer, J. *Études sur l'hystérie* (1895). Paris, Presses Universitaires de France, 1971. A leitura recente de Gauchet sobre o percurso científico de Charcot demonstra efetivamente como Charcot chegou bastante próximo do campo epistemológico construído pelo discurso freudiano. A esse respeito, ver: Gauchet, M., Swain, G. *Le Vrai Charcot. Op. cit.*
[110]Freud, S.; Breuer, J. *Idem.*
[111]*Ibidem.*

sido objeto no momento da experiência traumática e que não conseguiu responder então de maneira adequada para sua economia psíquica ficaria marcada, de forma indelével, na trama da memória. Daí por que os histéricos sofriam de reminiscências, isto é, de algo que não conseguiriam esquecer, mas que ficou **fora** do campo da consciência e do eu, pelo movimento psíquico de exclusão engendrado pelo sujeito.

Logo em seguida, mas ainda nos seus primórdios, o discurso freudiano formulou que esse trauma seria a consequência de uma sedução sexual precoce de que o sujeito teria sido objeto, tendo, pois, esta um caráter efetivamente real para o psiquismo. Com efeito, não compreendendo devidamente a linguagem sexual e da sedução, a criança seria seduzida por um outro mais velho, seja este uma outra criança seja então um adulto, diante do qual estaria numa posição de fragilidade e de impotência, dada a assimetria de forças e posições entre os personagens inscritos na cena traumática.[112]

De qualquer maneira, no entanto, foi formulada aqui a etiologia sexual da histeria. Estamos diante de uma formulação bastante original sobre o ser desta. Assim, a histeria seria de natureza psíquica e sexual, desprendendo-se, pois, de qualquer referência neurológica e somática. Com isso, o discurso psicanalítico retomou decididamente a formulação antiga sobre o ser da histeria, rompendo com a tradição moderna que se pautou pela concepção nervosa e neurológica desta. Quanto a isso, as similaridades existentes entre as marcas indeléveis da **possessão**

---

[112]Freud, S. "L'Étiologie de l'hystérie" (1896). *In*: Freud, S. *Névrose, psychose et perversion*. Paris, Presses Universitaires de France, 1973.

na Idade Média e a presença do **transe** nas crises histéricas foram elementos cruciais para que Freud, seguindo aqui de perto os rastros de Charcot, retomasse de maneira decidida a concepção sexual da pré-modernidade.

Foi empreendida, nesse contexto, uma guinada decisiva na maneira de conceber o ser da histeria. Esta outra concepção, sobre o ser da histeria, define destinos inesperados tanto para a própria como para a feminilidade. O **erotismo** foi então sublinhado no psiquismo do sujeito, marcando definitivamente a leitura deste na modernidade. Situa-se aqui a novidade do discurso freudiano sobre o psiquismo. Este discurso jamais vai abrir mão dessa intuição originária.

Com efeito, mesmo quando posteriormente rejeitar a **teoria da sedução** em nome da **teoria do fantasma**, Freud manterá a concepção sexual da histeria. Assim, quando deixa de acreditar na sua "neurótica", como disse num fragmento memorável de sua correspondência com Fliess, ao não mais supor a sedução real do sujeito na histeria e enunciar então a efetividade da sedução na sua dimensão fantasmática, Freud mantém incólume, contudo, a concepção sexual da histeria.[113]

Assim, as marcas e os traços psíquicos continuaram a existir, congelados como cicatrizes indeléveis. Porém, estas agora se ordenariam como cenas do imaginário do sujeito. Contudo, aquilo que regularia agora a atividade contínua da sexualidade deste seria a existência da sexualidade infantil,

---

[113]Carta de Freud a Fliess, 21.9.1897. *In*: Freud, S. "Lettres à Wilhelm Fliess, notes et plans" (1807-1902). *In*: Freud, S. *La Naissance de la psychanalyse*. Paris, Presses Universitaires de France, 1973, p. 190.

GRAMÁTICAS DO EROTISMO

sempre presente no seu imperativo de gozo e que construiria no imaginário as tais cenas de sedução, mediadas pela ação dos fantasmas sexuais.[114]

Nesse contexto, então, os traços psíquicos seriam as inscrições indeléveis das fixações pulsionais, que cadenciariam a história libidinal do sujeito desde as suas origens, marcando sempre a eloquência do seu gozo no registro do corpo erógeno. Portanto, mesmo deslocando-se do registro do real da sedução para o do fantasma, a figura da histeria continuaria a se inscrever sempre no registro da memória, persistindo em evocar suas reminiscências erógenas.

Tais reminiscências estariam sempre presentes na infraestrutura e no substrato material das convulsões dos histéricos. Estes revelariam, na sua exibição barulhenta e espetacular, os imperativos do gozo pelo sujeito, que não se esqueceria jamais de suas marcas pulsionais, que se tornariam indeléveis e perenes.[115] A erogeneidade estaria, pois, sempre em pauta nos transes da histeria, mesmo que o real do sexo traumático tenha sido então descartado e substituído decididamente pela materialidade imaginária da fantasia.

---

[114]Freud, S. *Trois essais sur la théorie de la sexualité* (1905). Paris, Gallimard, 1962.

[115]A esse respeito, ver: Freud, S. "Fragment d'une analyse d'hystérie (Dora)" (1905). *In*: Freud, S. *Cinq psychanalyses*. Paris, Presses Universitaires de France, 1975; Freud, S. "Les Fantasmes hystériques et leur relation à la bisexualité" (1908). *In*: Freud, S. *Névrose, psychose et perversion. Op. cit.*; Freud, S. "Considérations génerales sur l'attaque hystérique" (1909). *Idem*.

IV. IMAGINÁRIO BISSEXUAL

É preciso sublinhar aqui a forma pela qual essa leitura sexual da histeria se fundou imediatamente numa concepção do erotismo centrada na **bissexualidade**. Com efeito, num momento crucial e de inflexão decisiva de seu desdobramento teórico, o discurso freudiano enunciou que aquilo que se poderia depreender, num olhar e numa escuta refinados, do espetáculo convulsionário da crise histérica era de fato o imperativo da **bissexualidade**. Assim, no cenário dramático do transe histérico, o sujeito colocaria em cena, na sua diversificada e aparentemente incongruente gestualidade corpórea, as figuras identificatórias das quais não abriria jamais mão e que persistia em querer ser custe o que custar, isto é, ser o macho e a fêmea na relação sexual, ao mesmo tempo. Vale dizer, o que o transe histérico revelaria, de maneira eloquente e elevado à qualidade barulhenta do espetáculo, seria a exigência do sujeito em ser homem e mulher, simultaneamente.[116]

Portanto, o discurso freudiano desenha a cena psíquica da histeria como uma recusa marcada em aceitar a diferença sexual. Com efeito, no imperativo insofismável do sujeito em querer ser homem e mulher a um só tempo, o discurso psicanalítico encontra em estado nascente, nas contorções convulsionárias do espetáculo histérico, a **crítica em ato** da exigência de que o sujeito deva se submeter ao modelo da diferença sexual, tal como fora instituído pela modernidade. Portanto, querer gozar igualmente como os dois sexos, desejando ocupar simultane-

---

[116]Freud, S. "Les Fantasmes hystériques et leur relation à la sexualité". *Idem*.

amente as posições do macho e da fêmea na relação sexual e não pretender escolher ser um ou ser o outro sexo seriam então revelações insofismáveis do sujeito no lusco-fusco barulhento do espetáculo do transe histérico.

Existiria, então, uma dimensão crítica na possessão histérica, pela qual, no momento crucial do transe, o sujeito exprime sua recusa ao modelo instituído da diferença sexual. A crise seria então a ritualização da recusa e da crítica no discurso instituído da diferença sexual. A possessão se revelaria pelas múltiplas personificações na realidade psíquica da histeria, na qual as identificações masculina e feminina seriam não apenas assumidas mas também exibidas de maneira eloquente na cena do mundo. Isso seria o que o sujeito quer fazer ver aos outros, o que quer mostrar impetuosamente a céu aberto, na cena do espetáculo convulsionário. Enfim, pela histeria, o modelo da diferença sexual seria contestado em ato pelo sujeito, numa ritualização teatral, pelo afrontamento do mundo e do outro, tanto pelo desafio ousado quanto pela crítica.

Portanto, o discurso freudiano interpretava, nessa direção precisa, tanto a entrada traumática do sujeito na sexualidade quanto as múltiplas e variadas descrições da histeria presentes ao longo do século XIX, nas quais se sublinhavam sempre as cisões do eu e da personalidade, pelas quais o sujeito se fragmentava em diversas **personas** inconciliáveis e incompatíveis. Assim, essas descrições clássicas da figura da histeria, que Freud conheceu nas suas diversas configurações por sua experiência clínica, passariam agora decisivamente pelo crivo interpretativo da bissexualidade. Com efeito, fragmentar-se em vários personagens, multiplicar-se em diversos eus e engendrar-se em diferentes personalidades seriam agora as manifestações inso-fismáveis da duplicidade bissexual, de que o sujeito não queria abrir mão absolutamente, diante do imperativo enunciado da diferença sexual.

Além disso, é preciso lembrar que a figura da histeria con-densava na sua construção imaginária as três grandes persona-gens representativas da mulher perigosa no século XIX, isto é, a infanticida, a prostituta e a ninfomaníaca, já que pelo ataque histérico colocava em *cena* o que as últimas punham em ação no espaço social. Com efeito, neste quarteto de figuras perigosas era sempre a oposição do sujeito ao modelo da maternidade enquan-to paradigma da mulher, ao lado da afirmação do erotismo, o que estava em questão. Por isso mesmo, era sempre a concepção recente da diferença sexual o que se colocava em pauta nessas diferentes personagens, tanto no registro real da ação quanto no do imaginário da ritualização dramática.

Evidentemente, a figura da histeria se circunscrevia ao registro do imaginário e dos fantasmas, não tendo coragem, como as demais figuras referidas, de realizar a **passagem ao ato** na crítica da concepção da diferença sexual. Somente no lusco-fusco do ataque convulsionário, na curta duração de seu trágico espetá-culo, o sujeito em transe conseguia dizer em ato sua crítica e realizar a desconstrução teatral do paradigma da diferença se-xual. Para isso, exibia de forma encorpada e incorporada, numa **mise-en-scène** trágica, marcada sempre pelo transe, a oposição ao paradigma instituído, e como um espetáculo grandioso afirmava--se como homem e mulher ao mesmo tempo na cena sexual. Enfim, a bissexualidade como forma de ser era uma maneira crucial para o sujeito de introduzir no discurso histérico uma crítica da diferença de natureza entre os sexos e evocar, enfim, a concepção antiga do sexo único.

Nos primórdios de seu percurso teórico, Freud já aludia, em sua correspondência com Fliess, à concepção da bissexualidade. Dizia então, com efeito, que numa relação sexual entre duas pessoas existiria **pelo menos** quatro personagens em cena, já que junto da figura do homem existiria também um personagem feminino e, acoplada à figura da mulher, existiria um personagem masculino.[117] Aliás, é preciso recordar também que a concepção da bissexualidade foi incorporada por Freud por uma hipótese e sugestão teórica formulada inicialmente por Fliess. Aquele introduziu-a logo depois na psicanálise, incorporando-a ao seu modo e à sua maneira, de forma tal que a histeria foi interpretada então a partir da matriz teórica da bissexualidade.

Nessa perspectiva, a presença da bissexualidade no imaginário do sujeito seria a pedra de toque da histeria, que realizaria então em ato a crítica da noção de diferença sexual. Com isso, o erotismo estaria inscrito no corpo da histeria, marca inefável do seu ser, que se contraporia a qualquer redução do ser da feminilidade à figura da maternidade.

Deve-se reconhecer, nos primórdios do discurso freudiano, a existência de pelo menos dois momentos cruciais na leitura da figura da histeria, pelos quais a concepção moderna da diferença sexual foi colocada igualmente em questão, a saber:

---

[117]Freud, S. "Lettres à Wilhelm Fliess, notes et plans" (1887-1902). *In*: Freud, S. *Naissance de la psychanalyse. Op. cit.*

1. Ao pressupor que o erotismo estava no cerne da experiência da histeria, Freud critica a recente tradição da etiologia nervosa e enuncia uma etiologia psíquica para aquela. Foi pelo viés desta etiologia psíquica que o erotismo foi inscrito na subjetividade. Este foi, enfim, o momento inaugural da formulação freudiana;
2. Logo em seguida, no entanto, o erotismo na histeria foi configurado nos termos da bissexualidade, em que a concepção da diferença sexual foi então sistematicamente criticada de maneira bem mais frontal.

O discurso freudiano não ficou apenas nisso no que concerne à histeria e ao ser da feminilidade, como ainda veremos. Com efeito, a crítica freudiana também se realizou em outros tópicos, nos quais se assentava firmemente a teoria nervosa, como indicarei posteriormente. Além disso, aquele discurso mostrou ainda pontos diversos de superposição com a tradição anterior, revelando também suas ambiguidades, com a ruptura que promoveu, que serão também devidamente enunciados em seguida.

Contudo, antes de examinar essas questões diversas, é preciso indicar como a inscrição do erotismo no fundamento da subjetividade teve como uma de suas consequências cruciais a remodelação do método terapêutico, tal como fora estruturado recentemente por Charcot e Bernheim. Com efeito, a maneira pela qual o discurso freudiano reconfigurou o funcionamento do dispositivo terapêutico indica como a dimensão da sexualidade foi a condição de possibilidade para a transformação do dispositivo do hipnotismo e da persuasão. O mesmo pode ser mostrado ainda para a constituição do sintoma, como também se indicará em seguida.

V. DESTINOS DAS INTENSIDADES

Como já foi dito, Freud valeu-se das formulações teóricas de Charcot e Bernheim para enunciar outra leitura da histeria. Assim, a lesão nervosa do primeiro foi transformada em cena e inscrição psíquicas, as quais dariam ancoragem e fundamento à marca da sugestionabilidade histérica destacada pelo segundo. Além disso, o trauma nervoso foi reconfigurado como trauma psíquico, constituído pelos efeitos de uma experiência originária de sedução. Finalmente, o trauma da sedução foi posteriormente relativizado em nome da sexualidade infantil, que produziria, pois, cenas e inscrições no imaginário, mediados sempre pelos fantasmas.

Todas essas reformulações, que realizavam outra cartografia da histeria, fundavam-se no pressuposto de que o psiquismo seria permeado por **intensidades** que deveriam ter sempre certos destinos. Estas seriam sempre eróticas, já que reguladas pelo princípio do prazer. Além disso, se intensidades existiam, a razão deveria ser o fato de o psiquismo inscrever-se num corpo, sendo, pois, o psiquismo então concebido como encorpado e incorporado.

Assim, a concepção de que o corpo seria marcado pela erogeneidade foi a mediação pela qual o discurso psicanalítico pôde circunscrever a concepção sobre a existência de um psiquismo encorpado, mas pela via da crítica de que o corpo não seria do registro do somático. Com isso, Freud pôde realizar a crítica da etiologia nervosa e cerebral da histeria, mantendo ainda e sempre a mediação corporal do psiquismo. Tudo isso estaria condensado na ideia da presença, no psiquismo, de intensidades e **excessos**, que se evidenciariam por excitações corpóreas.

O que fazer com tais intensidades? Que destino oferecer para os excessos das excitações corpóreas, afinal de contas? Eram estas as questões levantadas pelo discurso freudiano sobre o sujeito permeado de intensidades. Essas excitações estariam ligadas às cenas traumáticas, que o sujeito evitaria recordar, na versão freudiana primordial, para que pudesse se curar pela experiência psicanalítica. Ou, então, às inscrições fantasmáticas ligadas à sexualidade perverso-polimorfa, na versão posterior, forjada logo em seguida.

A esse respeito, no entanto, a resposta enunciada pelo discurso freudiano é nítida e bastante clara, qual seja, existiria a impossibilidade de dominar completamente tais excessos de excitação, sendo isso, até mesmo, algo da ordem do impossível colocado para o sujeito. Diante de tais excitações o sujeito ficaria inerme. Isso porque tais excitações seriam **interiores** ao psiquismo e estariam **dentro** do corpo, já que no organismo humano o ato reflexo não funcionaria como nas demais espécies animais. Enunciam-se assim a especificidade e a singularidade do mundo humano na ordem da natureza. Seria preciso encontrar, então, uma **ação específica** e uma possibilidade de domínio adequado para tais excitações, que passariam necessariamente pela **linguagem**. O fato mesmo de que o sujeito ser falante é que tornaria impossível a eliminação energética pela mera ação reflexa, como na série animal,[118] impondo-se pois o imperativo da simbolização das excitações.

---

[118]A esse respeito, ver: Freud, S. "Esquisse d'une psychologie scientifique" (1895). *In*: Freud, S. *La Naissance de la psychanalyse*; Freud, S.; Breuer, J. *Études sur l'hystérie. Op. cit.*

Nesse contexto, de eliminação impossível das excitações corpóreas pelo ato reflexo, o sujeito se dividiria e se pulverizaria em diversos fragmentos. Essa fragmentação seria responsável, então, pela formação de outras **personas** no campo psíquico, além do eu pelo qual o sujeito se reconheceria e seria reconhecido socialmente pelos outros. Seria mesmo para manter os seus signos de reconhecimento que o sujeito seria submetido a essa **divisão** fragmentante, que lhe permitiria acreditar ser o que não era, sem admitir e reconhecer em si, em contrapartida, tais **personas** indesejáveis que o descaracterizariam. Enfim, seriam estas **personas** que construiriam outro território psíquico, diferente do eu e da consciência, denominado **inconsciente** pelo discurso freudiano.[119]

Contudo, para que essa operação fundamental de divisão acontecesse de fato, seria necessária a utilização de certos mecanismos psíquicos que funcionariam como catalisadores. Esses mecanismos foram denominados **defesas** por Freud. As defesas constituiriam assim o inconsciente, território mental irredutível aos campos do eu e da consciência.[120] Nesse território psíquico ficariam então as cenas e as inscrições mentais que foram eliminadas, mas que forçariam, em contrapartida, seu retorno ao eu e à consciência, exatamente porque não poderiam ser definitivamente eliminadas por qualquer ação reflexa, como no mundo animal. No entanto, com esse retorno se constituiriam os sintomas.

---

[119]A esse respeito, ver Freud, S., Breuer, J. *Études sur l'hystérie. Op. cit.*; Freud, S. "Les Psychonévroses de défense" (1894). *In*: Freud, S. *Névrose, psychose et perversion. Op. cit.*; Freud, S. "Nouvelles remarques sur les psychonévroses de défense" (1896). *Idem.*
[120]*Ibidem.*

O que implica dizer que, justamente porque o imperativo do retorno existe, a defesa seria uma ação ativa, contínua e permanente para evitar o retorno do indesejado. Seria preciso lutar e combater sempre o indesejável, que estaria à espreita para forçar seu retorno. Portanto, o **sintoma** seria sempre uma **solução de compromisso** entre os imperativos do retorno do indesejado e da defesa acionada pelo eu para se contrapor ao movimento inicial. Com isso, enfim, a angústia produzida sempre pelo movimento do retorno do indesejado seria circunscrita, mas jamais eliminada completamente.

Nesse contexto, o discurso freudiano definiu a **conversão** como a modalidade de defesa presente na histeria.[121] Seria pelo deslocamento e pelo salto do conflito psíquico para o registro corporal que aquele concebeu a maneira específica para a subjetividade histérica se proteger da angústia. Em consequência disso, o sujeito na histeria inscreveria na crise convulsionária os seus conflitos, que se apresentariam então como hieróglifos a ser decifrados pelo analista. Os sintomas da histeria apareceriam então no registro corpóreo, mas obedeceriam no entanto a outra lógica, diferente tanto da anatomia quanto da fisiologia, já que seriam significações materializadas na carne.

Assim, o discurso freudiano demonstrou que os sintomas da histeria se inscreveriam no **corpo erógeno**, obedecendo à lógica do **corpo representado** e do **corpo imaginário**, regulados que seriam pelos fantasmas. Dessa maneira, poder-se-iam distinguir as paralisias histéricas das paralisias motoras, já que, se as primeiras revelavam a lógica fantasmática do corpo erógeno, as segundas funcionariam pela lógica somática da distribuição anatômica.

---

[121]*Idem.*

O discurso freudiano pôde afirmar assim que na histeria o sujeito funcionaria de acordo com a representação popular do corpo e não com a representação científica da anatomia. Daí, portanto, a dimensão de hieróglifo a ser decifrado, designado para o sintoma histérico.[122]

Com essa leitura original o discurso freudiano pôde interpretar, ao mesmo tempo, a lógica constitutiva da histeria e a impossibilidade do discurso da medicina para se dar conta desta. Abateram-se, com isso, dois coelhos com uma só cajadada. Com efeito, se os médicos ficavam desnorteados diante da labiríntica configuração sintomática da histeria, isso se devia ao fato de que se orientavam pela lógica da anatomoclínica, pretendendo encontrar uma ligação entre lesão nervosa e sintoma que seria de fato inexistente. Como a psicanálise seguia no corpo os rastros semânticos deixados pelo conflito psíquico, podia assim encontrar-se com a gramática erógena do sintoma histérico. Enfim, sintoma este agora a ser decifrado, na sintaxe de sua dinâmica intensiva e significativa, sempre erógena, não se reduzindo então à lógica da anatomia patológica.

VI. RECONFIGURAÇÕES

No que concerne a isso, é preciso evocar ainda como o discurso freudiano desconstruiu a leitura anatomoclínica e nervosa da

---

[122]Freud, S. "Some Points for a Comparative Study of Organic and Hysterical Paralyses" (1893-1897). *In*: Freud, S. *The Standard Edition of the Complete Psychological Works of Sigmund Freud*. Volume I. *Op. cit.*

histeria quase ao mesmo tempo, num curto espaço de tempo, ao enunciar outra concepção desta. Pode-se depreender isso tanto na interpretação que realizou da crise histérica quanto na crítica que realizou das classificações da histeria.

Quanto ao primeiro tópico, é necessário sublinhar como Freud transformou a leitura de Charcot do ataque histérico. Com efeito, para este a grande crise de transe na histeria se construiria em quatro fases, sendo as duas primeiras e a última de caráter estritamente neurológico e a terceira de dimensão psíquica. Esta última se relacionaria intimamente à cena do trauma nervoso sofrido pelo sujeito e foi denominada por Charcot "fase passional". Haveria nesta uma evidente dimensão teatral, um espetáculo colocado em cena pelo sujeito, no qual o trauma sofrido seria revivido por este.[123]

Porém, a descrição do ataque histérico foi decantada no discurso freudiano, no qual se reteve apenas da descrição anterior a "fase passional". Esta condensaria tudo que estaria em questão na histeria, na qual o conflito erótico seria efetivamente o fundamental. Para tal, contudo, o trauma ganhou uma efetiva dimensão psíquica, centrada inicialmente na cena traumática da sedução e posteriormente no conflito da bissexualidade. De qualquer maneira, repito, a leitura seria sempre sexual em ambas as possibilidades. Isso indica, enfim, como o discurso freudiano rompeu com as perspectivas neurológica e anatomoclínica da crise da histeria, ao se descartar da descrição de Charcot e reduzir a crise histérica à sua dramaturgia erótico-passional.[124]

---

[123]A esse respeito, ver: Freud, S., Breuer, J. *Études sur l'hystérie. Op. cit.*; Freud, s. "Considérations générales sur l'attaque hystérique". *In*: Freud, S. *Névrose, psychose et perversion. Op. cit.*
[124]*Ibidem.*

Sobre o segundo ponto é preciso não se esquecer de que Freud se forjou como clínico e pesquisador no campo da neuropatologia. Na sua maturidade foi aluno de Charcot e Bernheim. Além disso, foi colaborador de Breuer na investigação inicial sobre a histeria, trabalhando juntos sobre as consequências para a interpretação da histeria da cura de Ana O., realizada por aquele. Isso tudo quer dizer, enfim, que as marcas do paradigma da medicina somática e da anatomoclínica eram bastante poderosas no pensamento de Freud.[125]

Assim, Freud aderiu inicialmente à concepção de **histeria hipnoide**, formulada por Breuer e concebida a partir de um estado de consciência bastante próximo da hipnose, produzido como efeito de uma experiência dolorosa.[126] Esta leitura de Breuer era bem próxima de uma concepção nervosa da histeria, se bem que infletida numa direção marcadamente funcional e não anatomoclínica.[127] Além disso, aderiu também à noção de **histeria de retenção**, resultante de uma espécie de estocagem de energia e da impossibilidade de eliminação das excitações, proveniente da experiência traumática.[128] Ao lado dessas duas figuras, no entanto, Freud enunciou também a ideia de **histeria de defes**a,[129] como aquilo que era efetivamente

---

[125]A esse respeito, ver: Freud, S. "An Autobiographical Study" (1925). *In*: *The Standard Edition of the Complete Psychological Works of Sigmund Freud.* Volume XX. *Op. cit.*; Jones, E. *La Vie et l'oeuvre de Sigmund Freud*. Volume I. Paris, Presses Universitaires de France, 1970.
[126]Freud, S. "Les Psychonévroses de défense". *In*: Freud, S. *Névrose, psychose et perversion. Op. cit.*
[127]*Ibidem.*
[128]Freud, S. "Nouvelles remarques sur les psychonévroses de défense". *op. cit.*
[129]*Ibidem.*

inovador na sua pesquisa clínica e ia numa direção oposta à da tradição da etiologia nervosa, seja de ordem funcional ou de ordem anatômica.

Contudo, no curto espaço de dois anos, Freud se descartou inteiramente das concepções de histeria hipnoide e de retenção, enunciando, pois, que a histeria seria sempre de defesa. Estava ainda no contexto de franca colaboração com Breuer, mas as diferenças entre ambos já se tornavam abissais, já que aquele se manteve preso à tradição da etiologia nervosa e Freud construía decididamente a psicanálise ao conceber que a histeria seria sempre de defesa.

Pode-se acompanhar bem de perto e em detalhes este salto teórico realizado por Freud, ao nos deslocarmos do ensaio de 1894 sobre as "Psiconeuroses de defesa"[130] para o ensaio "Novas notas sobre as psiconeuroses de defesa", de 1896.[131] Condensa-se, enfim, nessa passagem simbólica, a ruptura definitiva de Freud com a tradição da neuropatologia e da etiologia nervosa da histeria, pela assunção definitiva de uma leitura sexual desta e de sua configuração como eminentemente psíquica.

Assim, seja pela decantação da descrição da crise histérica realizada por Charcot, reduzindo esta à face passional reinterpretada agora num cenário especificamente erótico, seja pela descrença nas modalidades hipnoide e de retenção da histeria em nome da histeria de defesa, o discurso freudiano sobre a histeria se constituiu sempre pela leitura sexual desta. Esses gestos críticos se realizaram de maneira simultânea e correlata,

---

[130]*Ibidem.*
[131]*Ibidem.*

assim como a transformação que o discurso freudiano enunciou sobre o estatuto do corpo, a que me referi acima, deslocando este da sua realidade anatomoclínica para sua dimensao real como erotismo e carnalidade.

Em todos esses registros destacados o discurso freudiano desarrumou as formas estabelecidas do pensamento e das práticas clínicas, desmantelando assim as configurações instituídas, e teceu outras reconfigurações, como se pode depreender efetivamente do que se disse acima.

Todas essas transformações, evidentemente, implicaram também uma reinterpretação do método de tratamento, que se distanciou cada vez mais agora do dispositivo da hipnose e da persuasão, como indicarei a seguir.

VII. INTENSIDADE, CATARSE E TRANSFERÊNCIA

Freud iniciou seu percurso clínico na histeria pela utilização do dispositivo hipnótico-persuasivo, tal como aprendera com Charcot, Bernheim e Breuer. Ficou bastante impactado, contudo, com a descrição feita por Breuer da cura de Ana O., não apenas pela importância do relato do caso, como também e principalmente pelo evitamento das consequências e desdobramentos não extraídos da experiência. Com efeito, esta caminhava numa direção notadamente sexual, por diversos signos evidentes, que Breuer não soube e não quis reconhecer.[132] Dentre estes se destacava a gravidez imaginária da paciente, no final do tratamento,

---

[132]Jones, E. *La Vie et l'oeuvre de Freud*. Volume I. *Op. cit.*

que acabaria por conduzir Breuer a interromper horrorizado o tratamento e a desistir ao mesmo tempo para sempre desse campo de prática clínica.

Impressionado com tudo isso, Freud buscava estabelecer a **gramática** e a **semântica** da construção do sintoma histérico, para que o sujeito pudesse reconhecer o impacto traumático de suas perturbações conversivas, maneira, pois, de poder conduzi-lo às origens reais de seus males. Para tanto seria necessário contornar o evitamento do sujeito de se confrontar com as memórias traumáticas da sua experiência, pelo terror que seria provocado pelo impacto da intensidade do retorno do indesejável. Vale dizer, a construção defensiva na histeria era tecida por dois eixos que eram muito bem costurados, quais sejam, um de ordem semântica, centrado na memória de cenas desagradáveis para o sujeito, outro de ordem **econômica**, ligado aos excessos das excitações em causa.

Em consequência disso, no **dispositivo catártico** inventado pelo discurso freudiano seria necessário realizar a exploração da gramática e da semântica do sintoma, em estrita consonância com a dimensão intensiva destacada.[133] Portanto, seria preciso desbastar o sintoma nas suas diversas camadas estratificadas para que se pudessem atingir afinal seus núcleos organizadores. Contudo, quando a figura do analista se aproximava destes, o paciente reagia astuciosamente, evitando assim que os rastros que se aproximavam da ferida traumática pudessem ser então percorridos pelo analista. Assim, a defesa em questão se colocava em movimento, isto é, reforçava-se momentaneamente,

---

[133]Freud, S., Breuer, J. *Études sur l'hystéria. Op. cit.*

e impunha-se rigorosamente em cena aquilo que Freud denominou **resistência**.[134] Esta seria a revelação, no contexto da relação clínica, do que seria a defesa e o recalque no registro estrito da ordem psíquica. A figura do analista deveria ter a necessária habilidade de contornar as resistências, superando com paciência a oposição sistemática do analisando, para percorrer os rastros deixados pelos sintomas, e então atingir os núcleos organizadores deste.

As diferentes etapas desse processo crucial de descoberta seriam sempre reguladas pela rememoração das experiências traumáticas que, como peças múltiplas e díspares de um quebra-cabeça, se encaixariam até formar uma totalidade orgânica, na medida mesmo em que o **sentido** se configurava enquanto tal. Com isso, o tecido da memória poderia se costurar de maneira mais harmoniosa, desaparecendo progressivamente os vários buracos daquela, todos resultantes da ação das defesas. A **estória** traumática do sujeito se transformaria, assim, numa **história**, pela reestruturação das fragmentações e divisões resultantes das operações defensivas. Como o discurso freudiano enunciou, de maneira repetitiva e contínua ao longo de todo seu percurso, o dispositivo terapêutico em ação era similar a uma investigação arqueológica.[135, 136] Portanto, tratava-se de empreender uma **arqueologia do sentido**, para que o sujeito pudesse, pelas rememorações de seus traumas e cicatrizes, costurar o tecido do eu e do psiquismo, ultrapassando, assim, as fragmentações psíquicas e os dilaceramentos corpóreos.

---

[134]*Ibidem.*
[135]*Ibidem.*
[136]Freud, S. *Malaise dans la civilisation. Op. cit.*

Porém, para que isso ocorresse de forma paulatina nos registros psíquico e corpóreo, necessário seria que o sujeito pudesse reviver corporalmente as intensidades e excessos excitatórios, para que a conversão somática pudesse ser reconvertida finalmente em rememoração. A dimensão econômica da cura era então fundamental. Daí por que o discurso freudiano intitulou de catártica a experiência em questão,[137] já que, como na leitura aristotélica da tragédia,[138] seria necessário que o sujeito pudesse purgar, na cena terapêutica, os afetos que não pôde realizar no momento da experiência traumática.

Vale dizer, no contexto do **aqui** e do **agora** da experiência catártica o sujeito poderia responder então de forma **ativa** com a dimensão enfática que não pôde realizar anteriormente na cena do trauma. Nesta, o sujeito teria ficado letalmente paralisado, imobilizado na sua possibilidade de agir e de fazer, numa posição **passiva** que lhe teria coartado de forma absoluta. Seria, enfim, essa mudança crucial de posição do sujeito, em relação ao outro e à cena traumática, articulada com a rememoração correlata, o que possibilitaria a restauração do sujeito no dispositivo catártico.

Pode-se depreender facilmente do que foi dito acima que a **translação** do sujeito da posição passiva para a ativa seria o catalisador crucial do processo psicanalítico. A rememoração seria possível, por essa mudança de posição, o que reconfiguraria o sujeito numa direção fragmentadora. Além disso, o dispositivo catártico revela uma dimensão de **ação** que estaria intimamente articulada à dimensão intensiva do processo terapêutico.

---

[137]Freud, S., Breuer, J. *Études sur l'hystérie.Op. cit.*
[138]Aristóteles. *Poétique*. Paris, Le Livre de Poche (Classique), 1990.

GRAMÁTICAS DO EROTISMO

Com efeito, pela ação do sujeito — isto é, pelo deslocamento deste da posição passiva para a ativa — é que as intensidades seriam então redistribuídas e purgadas, reinscrevendo as cenas traumáticas em outra gramática e em outra sintaxe. Além disso, seria ainda a ação da figura do analista — **insistência** deste em se manter no percurso das pegadas entreabertas pelo sintoma — o que possibilitaria a ação do analisando. Com isso, as intensidades e excessos excitatórios do psiquismo e do corpo poderiam ter outros destinos possíveis, estruturantes para a subjetividade.

Em decorrência desse conjunto de mudanças impressas na experiência da cura, o discurso freudiano transformou as bases do dispositivo hipnótico-persuasivo, reconfigurando-o como dispositivo catártico. Para isso, foram sendo abandonadas progressivamente as técnicas hipnótica e persuasiva, na medida em que, pela mediação destas, os pacientes ficariam numa posição extremamente passiva em relação ao terapeuta. Portanto, o terapeuta se agigantava excessivamente diante dos pacientes, assumindo de forma decisiva a figura de um taumaturgo e mesmo de quase um deus. Por este viés, o fantasma da sedução se inscrevia na cena hipnótico-persuasiva, pelo gigantismo conferido ao terapeuta pelo paciente.

Com efeito, a **assimetria de poder** entre as duas figuras atingia as fronteiras da caricatura, já que o terapeuta não apenas sabia como podia tudo, enquanto o paciente nada sabia e nada podia. A sedução se constituiria justamente após esta trilha instituída pelo dispositivo terapêutico. Portanto, para relativizar tal assimetria e, no seu limite, desconstruí-la, necessário seria atribuir uma posição de atividade ao paciente, fazê-lo sempre trabalhar e dividir as responsabilidades com o terapeuta.

No que concerne a isso, é preciso evocar que foram os pacientes que impuseram a Freud tais transformações. Diante das imposições da figura do terapeuta, autorizadas pela hipnose e pela sugestão, os pacientes começaram a reagir e a se opor às determinações de Freud e do método terapêutico, que acabaram por se infletir em mudanças significativas deste. Nesse sentido, é apaixonante a leitura dos diferentes casos clínicos apresentados por Freud nos *Estudos sobre a histeria*,[139] pois de uma história clínica para outra, ocorridas em tempos diferentes, as transformações foram se impondo paulatinamente pela pressão dos pacientes. Com isso, a regra das **livres associações** — que se formalizou posteriormente como a pedra de toque do dispositivo psicanalítico, ao lado da figura do analisando como correlato da exigência da **atenção flutuante** para a figura do analista — foi se impondo.

Porém, tudo isso apenas foi possível na medida em que o discurso freudiano pôde atribuir atividade ao paciente na experiência da cura, retirando este da posição passiva que ocupava no dispositivo hipnótico-persuasivo. Por isso Freud pôde escutar as oposições e rebeldias dos pacientes e reconhecer a legitimidade destas, o que não tinha sido possível nem para Charcot e até mesmo para Bernheim, ou para Breuer. Com efeito, quantas vezes no curso dos processos terapêuticos encaminhados por estes últimos não devem ter acontecido múltiplas rebeldias e oposições dos pacientes que não foram levadas em consideração? Inúmeras vezes, certamente. Pode-se afirmar isso sem pestanejar, dado o que se revelou posteriormente na prática psicanalítica com

---

[139]Freud, S., Breuer, J., *Études sur l'hystérie. Op. cit.*

a experiência repetida da resistência. Portanto, se Freud pôde escutá-las e reconhecê-las, incorporando novas dimensões ao método da cura e infletindo então o dispositivo terapêutico em outra direção crucial, isso se deve ao fato de que pôde realizar a crítica da posição passiva do paciente nesse dispositivo, de maneira a finalmente desconstruí-lo de forma certeira. Enfim, não foi bem porque Freud era um mau hipnotizador, como disse muitas vezes depois, que transformou e subverteu o dispositivo hipnótico-persuasivo, mas porque realizou uma crítica contundente da posição passiva do paciente naquele e de seus efeitos erógenos, baseando-se para tal na leitura original que realizava então do psiquismo.

Com efeito, se a figura do analisando teria sido impossibilitada de agir e responder ao outro na cena originária, o que teria provocado o trauma e o fizera sofrer de reminiscências, seria necessário então retirá-lo da posição passiva e reconhecê-lo como atividade, o que o faria libertar-se dessa posição. Para tal, o analisando teria de falar e agir, trabalhando insistentemente sobre sua estória, para que esta pudesse se transformar em passado e memória, constituindo-se, enfim, como uma verdadeira história.

Nesse contexto, o reconhecimento do **direito de falar** conferido ao paciente foi fundamental, na medida em que este direito não seria apenas um traço a mais da posição ativa deste, mas um **multiplicador** de atividade que a conduziria a outras sendas desconhecidas. Evidentemente, a atribuição da fala ao paciente foi realizada no dispositivo hipnótico-persuasivo, como se sabe. Porém, era uma fala exercida na invisibilidade da cena hipnótica, no lusco-fusco do estado hipnoide, no qual o paciente não recordava bem depois o que dissera e se esquecia das sugestões imperativas do terapeuta, no campo da consciência, evidentemente. A noite não virava dia, ficando, pois, o dito pelo não dito, nos percursos da memória. A assunção e o reaparecimento de sua fala pelo paciente não aconteciam de fato. Vale dizer, o paciente não assumia a posição de **responsabilidade** por sua fala diante do outro, mas dizia **quase** tudo numa rapsódia entretida na obscuridade. Além disso, incorporava as sugestões do terapeuta como ordens imperativas, pelas quais se realizavam a **reprodução** e a **repetição** de sua posição passiva originária diante do outro.

Na cena psicanalítica, no entanto, essas coordenadas foram reordenadas. O paciente assumia a responsabilidade de sua palavra e de sua estória diante de um outro, retirando-se, pois, da posição passiva. Por isso mesmo, os pacientes agora resistiam a falar tudo para o outro, tendo o terapeuta a tarefa de contornar essas resistências para que a experiência da cura pudesse continuar. Além disso, a fala pôde assumir, então, outra função crucial. Por ser tecida no campo da visibilidade e entretida diante do outro, a fala passou a ocupar a posição de **mediação** entre o sujeito e o outro, transformando-se na **cena da verdade** que se forjaria na experiência clínica. Com isso, ambas as figuras lançadas no processo teriam de se submeter à linguagem como mediadora. Consequentemente, a figura do terapeuta perde uma parcela do seu poder pela catalisação provocada pela fala, pela qual o poder passou a se redistribuir de outra maneira, em benefício do paciente, é claro.

Assim, é possível enunciar que a atribuição dos fantasmas sexuais presentes na etiologia da histeria e das neuroses em geral e a descoberta da existência da sexualidade infantil

GRAMÁTICAS DO EROTISMO

enquanto perverso-polimorfa, numa retificação da teoria do trauma e da sedução inicialmente formuladas pelo discurso freudiano, se devem não apenas à invenção da palavra no dispositivo da cura mas também à relativização do poder da figura do terapeuta. Enquanto instância simbólica e terceira na relação médico-paciente, a fala redistribuiu de forma mais igualitária os poderes das duas figuras, nos ganhos eróticos que isso representava. Isso porque existia a presença do **gozo** em ambas as figuras lançadas na cena hipnótico-persuasiva, na medida em que o médico gozava certamente bastante com seu poder absoluto e onipotente sobre o paciente, enquanto este gozava o equivalente na sua posição de submissão protegida e dominada pelo outro. A ruptura com a cena assimétrica pôde então revelar a dimensão erótica sempre presente na relação terapêutica, já que o paciente pôde começar a falar não apenas de fantasmas sexuais que faziam sua emergência na cena da cura, mas realizar a ação destes fantasmas pela transferência, que o discurso freudiano começou a considerar como resistência à cura.[140] Enfim, enquanto o paciente erotizava a relação com a figura do analista, a fala daquele se interrompia pela transferência, e o processo entrava em suspensão temporária.

Daí, portanto, é que o discurso freudiano pôde vislumbrar, pelo polo negativo, a dimensão de excesso presente no psiquismo e a positividade do gozo possibilitado pelo dispositivo hipnótico-sugestivo, na dominação assimétrica que permeava a cena terapêutica. Demandar, então, que o paciente pudesse ocupar a

---

[140]Freud, S. "La Dynamique du transfert" (1912). *In*: Freud, S. *La Technique psychanalytique*. Paris, Presses Universitaires de France, 1972.

posição ativa e falante na experiência clínica teve um efeito de corte e de ruptura crucial com o gozo presente na passividade da **servidão**. Seria isso que possibilitaria uma outra circulação erógena, remodelando a sua economia. A fala teria então um efeito de relançar do gozo, relativizando-o e reordenando-o por outras sendas. Com isso, o gozo deve necessariamente percorrer outros caminhos psíquicos e revelar-se em suas sutilezas, minúcias e mazelas.

Assim, se o discurso psicanalítico pôde também revelar as diversas figuras do imaginário erótico presentes na histeria e nas demais perturbações do espírito, isso se deve ao fato de que pôde romper com o gozo presente na posição de passividade e da servidão do sujeito no dispositivo hipnótico-sugestivo. Foi por este viés que o discurso freudiano pôde realizar uma outra leitura da neurose obsessiva, da fobia e da psicose.[141] Além disso, a relação de submissão dos indivíduos massificados diante do líder carismático, estudada posteriormente pelo discurso psicanalítico, indicou para Freud o gozo presente naquela submissão.[142] Finalmente, a descoberta axial do masoquismo originário,[143] como forma fundamental das perturbações do espírito, indicou ainda a gana assumida pelo gozo dos sujeitos na cena da servidão.[144]

---

[141]Freud, S. "Les Psychonévroses de défense". *In*: Freud, S. *Névrose, psychose et perversion*. *Op. cit.*; Freud, S. "Nouvelles remarques sur les psychonévroses de défense". *Idem.*

[142]*Ibidem.* "Psychologie des foules et analyse du moi" (1921). *In*: Freud, S. *Essais de psychanalyse*. Paris, Payot, 1981.

[143]*Ibidem.* "Le Problème économique du masochisme" (1924). *In*: Freud, S. *Névrose, psychose et perversion*.

[144]*Ibidem.*

GRAMÁTICAS DO EROTISMO

Portanto, o dispositivo psicanalítico pôde descobrir a relação sutil entre fala e erotismo, exatamente porque pôde subverter com as linhas de força do imaginário erótico presentes no dispositivo hipnótico-sugestivo. Foi isso, portanto, que teria permitido ao dispositivo da experiência psicanalítica uma releitura espetacular da histeria, retirando-a decisivamente do limbo e do horror nos quais se identificava com as figuras da simulação e da mentira. Assim, a crítica da figura da degeneração pôde ser realizada pela psicanálise, retirando os histéricos do território marcado pela maldição.

VIII. DEGENERAÇÃO?

Nas diferentes narrativas clínicas que compõem os *Estudos da histeria*, o que pode nos surpreender ainda, mais de cem anos depois de sua publicação, é a afirmação repetida por Freud de que as figuras em questão não seriam absolutamente degeneradas. Esta afirmação se realiza de diversas maneiras. Ela aparece tanto de forma direta quanto indireta, mas o que se enfatiza é sempre a mesma coisa.[145]

Com efeito, o discurso freudiano enunciou **literalmente** que as histéricas em questão não seriam absolutamente degeneradas, não tendo nenhum dos signos reveladores do suposto mal. Em cada uma das histórias clínicas — apresentadas, aliás, com bastante minúcia —, essa formulação pode ser encontrada em diferentes momentos da narrativa. Os textos nos impregnam dessa certeza, pela exaustão que nos provoca sua insistência.

---

[145]Freud, S., Breuer, J. *Études sur l'hystérie. Op. cit.*

Porém, não se trata absolutamente de enunciados gratuitos na sua literalidade. Pelo contrário, tais afirmações se acompanham sempre de algum comentário positivo sobre a personagem principal da narrativa em questão. Seriam as virtudes dessas personagens, ressaltadas pela prosa freudiana, que dariam consistência às afirmações de que não se trataria de degeneradas. Seria, enfim, a positividade das virtudes morais dessas personagens que sustentariam tais enunciados críticos.

Assim, as mulheres em questão eram valorizadas inicialmente por suas qualidades intelectuais. Dotadas que seriam de grande inteligência e, além disso, de argúcia de raciocínio, não poderiam absolutamente se tratar de exemplares de degeneração nervosa do espírito. Para que se descobrisse isso, contudo, era necessário que pudessem falar e se expressar com liberdade e fluência. Para tal, seria preciso que alguém lhes permitisse isso, entreabrindo-lhes um espaço para o bem dizer. A inteligência delas poderia ser reconhecida no seu brilho, retirando-lhes, pois, do limbo do maldito.

Além disso, todas essas mulheres seriam dotadas de grandes virtudes éticas. Tratar-se-ia sempre de bravas pessoas, que suportavam com grandeza as perturbações mentais que as afligiam. Estas não produziam, em contrapartida, nenhuma alteração moral em seus espíritos. Signo infalível, pois, de sua consistência moral, sem dúvida. Traço indiscutível, portanto, de sua fortaleza ética.

Nessa apreciação, as histéricas não apresentariam nenhuma perturbação da inteligência e do mundo da moralidade. Apresentavam-se consistentes em suas faculdades cognitivas de absoluta integridade no registro ético, exibindo-as sem qualquer falha.

Isso tudo contrariava as descrições dos autores de referência, no campo da psicopatologia, sobre o universo das histerias. Para tais autores, estes sujeitos seriam certamente degenerados, afetados de maneira indelével e definitiva nas faculdades do pensamento e da vontade. A degeneração, enquanto processo biológico concebido como quase irreversível, teria o poder infalível de fazer soçobrar para sempre a inteligência e a moralidade.

Era exatamente isso o que afirmava Janet em suas pesquisas clínicas sobre a histeria. Enquanto herdeiro e discípulo dileto de Charcot, Janet pensava que a lesão nervosa, ainda não verificável anatomicamente mas concebida pelo mestre, teria por efeito não apenas uma alteração crucial do campo da inteligência mas principalmente uma perturbação da vontade. Existiria uma fraqueza desta, um esvaziamento marcante do potencial volitivo, que impediria tais pacientes de agir.[146]

Não seriam mesmo tais alterações degeneradas da inteligência e da vontade que conduziriam as histéricas aos descalabros morais e cognitivos que as caracterizavam? Não seria por causa disso mesmo que aquelas eram simuladoras do inexistente e mentirosas impertinentes? Tais desvios deveriam ser, enfim, os resultados nefastos de um franco processo de degeneração do espírito.

Porém, enunciar que as histerias não teriam nenhuma alteração do pensamento e da vontade, mostrando-se então íntegras do duplo ponto de vista cognitivo e ético e, portanto, não sendo degeneradas, implicaria ao mesmo tempo que se desmontasse

---

[146]Freud, S. "Les Psychonévroses de défense". *In*: Freud, S. *Névrose, psychose et perversion. Op. cit.*

a causalidade **hereditária** dessas perturbações do espírito. Isso porque a hipótese da degeneração se articulava de maneira direta e cerrada à hereditariedade das perturbações do espírito. A crítica do discurso freudiano da causalidade degenerativa teve como efeito maior a desconstrução da hipótese da hereditariedade na explicação da histeria.[147]

Com efeito, para os que sustentavam a teoria nervosa da histeria, esta seria a resultante de uma alteração do sistema nervoso, de caráter degenerativo, que teria na hereditariedade seu fundamento. Não foi um acaso, certamente, que o discurso freudiano tenha realizado, no seu momento de fundação, uma crítica sistemática da causalidade hereditária das histerias e das demais perturbações do espírito, investindo com eloquência na dimensão sexual destas. Por isso mesmo, melhorar as condições sanitárias da população passaria, na concepção degenerativa, pela regulação ativa da reprodução biológica, pela qual a eugenia e o melhoramento da qualidade racial se impunham. Estamos aqui nas condições concretas de possibilidade do biopoder e da bio- -história. Para o discurso freudiano, no entanto, enunciar que a sexualidade estaria no fundamento da histeria implicava não apenas dar positividade intelectual e ética a esta, mas também realizar a desconstrução do dispositivo da hereditariedade- -degeneração, como nos ensinou Foucault.[148] A ênfase colocada no erotismo recalcado na histeria e na causalidade sexual desta era uma crítica frontal a esse dispositivo. Por isso mesmo, o discurso freudiano foi uma crítica aos discursos do biopoder e

---

[147]Freud, S. "'Hérédité et l'étiologie des névroses" (1896). *Idem.*
[148]Foucault, M. *Volonté de savoir. Op. cit.*

da bio-história, ao desarticular o dispositivo da hereditariedade--degeneração.

Essa crítica foi mais bem fundamentada logo em seguida, nos *Três ensaios sobre a teoria sexual*, quando se enunciou o fundamento perverso-polimorfo da sexualidade humana. A formulação de que esta visava primordialmente ao prazer e ao gozo e não à reprodução da espécie, contrapondo-se então à sexologia triunfante da segunda metade do século XIX, fundava--se na existência da sexualidade infantil e do seu funcionamento perverso-polimorfo. Com isso, as perversões deixaram definitivamente de ser "aberrações" e monstruosidades humanas, signos malditos que seriam da antinatureza e da degeneração, para revelar o que existia no fundamento de qualquer forma de sexualidade.[149]

A histeria foi assim a pedra de toque infalível para o desmantelamento do dispositivo da hereditariedade-degeneração, pela ênfase conferida ao erotismo do sujeito nas suas diferentes formas sintomáticas de ser. Além disso, a mesma interpretação foi ampliada em seguida para as demais psiconeuroses de defesa, isto é, a neurose obsessiva, a fobia e a psicose, até atingir o campo das perversões, permitindo com isso a formulação de uma teoria geral da sexualidade humana.

---

[149]Lanteri-Laura, G. Lecture des perversions. *Histoire de leur appropriation médicale.* Paris, Masson, 1979.

CAPÍTULO VII

Nem tudo são flores

Desenvolvi com insistência até agora as rupturas realizadas pelo discurso freudiano com a medicina, a neuropatologia e a psiquiatria no que concerne à leitura da histeria, pelas quais o destaque original conferido pela psicanálise à problemática da sexualidade representou efetivamente uma descontinuidade significativa com a concepção nervosa daquela. O que estava sempre em pauta nessas rupturas era a desconstrução do dispositivo da hereditariedade-degeneração, pelo qual se sustentava tanto uma explicação reprodutiva da sexualidade pela sexologia quanto uma medicalização daquela, pelas práticas sistemáticas de regulação social da população. A concepção do erotismo como perversão-polimorfa se contrapunha, então, em seus menores detalhes, às proposições instintivistas da sexologia e colocava em questão de maneira direta as propostas de aperfeiçoamento da saúde da população pelas estratégias do biopoder. Por esse viés preciso, a teoria da degeneração e a noção de hereditariedade foram passagens obrigatórias da leitura crítica do discurso freudiano. Enfim, a sexualidade, encarada numa perspectiva absolutamente diferente, inscrita neste discurso, seria um contraponto fundamental no contexto histórico construído por tais coordenadas maiores.

Dessa perspectiva, o discurso freudiano teria funcionado, pois, como instância crucial de desconstrução do dispositivo da degeneração-hereditariedade, perpassando para isso as diversas problemáticas configuradas nesse dispositivo. Assim, tanto as figuras malditas da mulher nervosa e da criança onanista quanto a do perverso foram devidamente tocadas e desconstruídas pelo vendaval crítico do discurso freudiano. Foi por conta dessa mediação que a figura da histeria foi então tecida com outros fios e se reconfigurou com novas matrizes. A mulher histérica se desenharia agora pelos imperativos do seu erotismo, assumindo então novas feições, nas quais se reconheciam finalmente as belas produções do seu pensamento e suas virtudes éticas, inexistindo naquela qualquer traço malévolo de degeneração.

Tudo isso redundou na invenção de um dispositivo terapêutico original, no qual a **experiência psicanalítica** foi forjada pela polarização entre as figuras do analista e do analisando, perpassada sempre pela transferência. Nesse contexto, aquela experiência se caracterizaria pelo conflito entre os imperativos do erotismo e da fala, que delinearia e circunscreveria o campo de possibilidades efetivos dos dois personagens. Com isso, os poderes do analista e do analisando foram então relativizados, sendo o gozo de ambos mediado e contraposto pela potência da palavra. Esses caminhos precisos fizeram com que o dispositivo hipnótico-persuasivo fosse objeto de desconstrução pelo discurso freudiano.

Assim, a experiência psicanalítica foi delineada em suas linhas de força entre **transferência** e **interpretação**, enquanto potências polares desse novo campo clínico. Pela primeira dimensão se ordenavam as séries erótica, intensiva e afetiva daquela experiência, enquanto pela segunda se configuravam as séries cognitiva e linguageira da mesma. É preciso evocar aqui que a descoberta da cena psicanalítica supunha sempre o paradoxo entre essas duas dimensões, que não podiam ser absolutamente reduzidas uma à outra, já que para Freud o psiquismo e o inconsciente seriam forjados pela matéria-prima desse paradoxo. Digo isso porque a tradição psicanalítica posterior procurou seja privilegiar um dos polos em pauta a expensas do outro, seja fazer isso pela redução das potencialidades de um ou do outro. Porém, na leitura freudiana o psiquismo seria ao mesmo tempo potência erótico-afetiva, no seu contraponto paradoxal à potência linguageira-simbólica. O que implica dizer que, para o discurso freudiano, a figura do analista seria ao mesmo tempo **suposição de saber**[150] e **suposição de desejo**, no qual se entrelaçariam os imperativos do saber e do gozar. Enfim, qualquer disjunção entre estes polos seria algo da ordem do impensável, na perspectiva estritamente freudiana do que seria o ato de psicanalisar.

Com efeito, o discurso freudiano perseguiu incansavelmente essa hipótese de trabalho, de maneira contornada e insistente, ao longo de seus escritos técnicos e na sua interpretação da transferência. Assim, quando Freud procurou diferenciar de maneira aguda a psicanálise da hipnose e da sugestão, a pedra de toque de sua argumentação era que, se a cura pela transferência aproximaria a psicanálise da sugestão e da persuasão — pela dimensão da sedução e do erotismo presentes

---

[150]Sobre a transferência como suposição de saber: Lacan, J. *Le Transfert*. Le Séminaire, Livre VIII. Paris, Seuil, 1991.

naquela —, o eixo interpretativo da experiência analítica era o contraponto que produziria decupagens pontuais e seriadas nos imperativos de gozar do sujeito.[151] Portanto, se a figura do analista era **suposição de gozar**, seria também e ao mesmo tempo suposição de saber. A recíproca seria absolutamente verdadeira. Com efeito, a figura do analisando seria imperativo de gozar e imperativo de saber na cena analítica, na qual um dos polos sempre imporia seu limite ao outro. Entre querer gozar e o imperativo do saber seria sempre polarizada a cena analítica. Enfim, o psiquismo seria em si mesmo essa polaridade conflitual, polarizando-se paradoxalmente e sempre entre essas potências inconciliáveis.

O dispositivo hipnótico-sugestivo teria sido desconstruído pelo discurso freudiano de acordo com essas novas coordenadas. Além disso, foi ainda por esse viés que a crítica à massificação da subjetividade na modernidade foi empreendida por aquele discurso, no ensaio maduro sobre *Psicologia das massas e análise do eu*.[152] Isso porque ainda aqui, num momento tardio de seu desenvolvimento, o discurso freudiano estava bastante preocupado com os efeitos de gozo e de domínio absoluto sobre o sujeito realizados pelas figuras do líder carismático e do chefe na cena social. Para impor, pois, um obstáculo a isso, seria ainda necessário opor a série do gozo à da interpretação, isto é, os polos erótico e linguageiro do psiquismo. Nessa oposição, enfim, existia ainda uma crítica política e ética da sociedade de massa, uma das versões modernas da democracia

---

[151]Freud, S. *La Technique psychanalytique. Op. cit.*
[152]Freud, S. "Psychologie des foules et analyse du moi". *In*: Freud, S. *Essais de Psychanalyse. Op. cit.*

então vigente, pela maneira pela qual o discurso freudiano concebeu a transferência.

Porém, se a psicanálise realizou essas diversas rupturas de maneira eloquente, manteve-se ainda ligada, no entanto, a certos paradigmas teóricos do século XIX, concernentes à leitura da diferença entre os sexos. Com efeito, o discurso freudiano insistia ainda num conjunto de enunciados, sobre os valores diferenciais e hierárquicos entre o masculino e o feminino, que é preciso não apenas mostrar como demonstrar, para que se possam reconhecer finalmente as ambiguidades daquele discurso no que concerne à diferença sexual. Nem tudo são flores, portanto, no percurso freudiano sobre a histeria e a diferença sexual. É o que se verá logo em seguida.

I. UNIVERSALISMO DO MASCULINO

A melhor tradição psicanalítica e os comentadores mais respeitados do discurso freudiano sempre registraram as dessincronias e mesmo as assincronias que marcaram as leituras das sexualidades masculina e feminina naquele discurso. Assim, avanços significativos da teoria psicanalítica foram realizados inicialmente sem que a sexualidade feminina fosse bem considerada e mesmo conceituada em sua especificidade. Em contrapartida, a leitura da dita identidade masculina se fez com bastante rapidez e desembaraço no início do percurso freudiano, sem que o mesmo zelo fosse mostrado em relação à identidade feminina. Para que ambos os desenvolvimentos enunciados fossem levados a cabo igualmente e marcassem as singularidades das sexualidades em questão, necessário foi um longo tempo de elaboração teórica e de produção conceitual. São essas desarmonias teóricas que gostaria de evocar, já que são reveladoras da leitura freudiana da diferença sexual. Para que se possa depreender isso com agudeza, é necessário ficar bastante atento aos menores signos pelos quais isso se faz patente no discurso freudiano.

A concepção do complexo de Édipo, pedra angular da psicanálise, foi enunciada de maneira precoce pelo discurso freudiano. Desde a correspondência com Fliess, esta noção se fez patente.[153] Em *A interpretação dos sonhos* foram já enunciadas as linhas fundamentais de força dessa concepção,[154] mesmo que Freud a tenha reformulado posteriormente em alguns de seus tópicos e formalizado o conjunto de maneira bem mais consistente. Contudo, o fundamental já estaria dito desde os primórdios do discurso psicanalítico. Quanto a isso não há dúvida e creio que também nenhum desacordo entre os mais proeminentes intérpretes de Freud.

Porém, a construção do conceito de complexo de Édipo realizou-se inicialmente tendo na sexualidade masculina o seu paradigma e a sua referência exemplares. Era sempre da figura do homem que Freud falava quando se referia ao complexo de Édipo. A polarização erótica do menino entre as figuras do pai e a da mãe era sempre o paradigma, o modelo de descrição e de narrativa seguido pelo discurso freudiano para falar da pertinência conceitual do complexo de Édipo. A epopeia erótica

[153]Freud, S. "Lettres à Wilhelm Fliess, notes et plans" (1887-1902). *In*: Freud, S. *La Naissance de la psychanalyse. Op. cit.*
[154]Freud, S. *L'Interprétation des rêves* (1980). Paris, Presses Universitaires de France, 1976.

constitutiva do humano era delineada de maneira bem simples e esquemática, já que havia no início amor e atração erótica pela figura da mãe, aliados a repulsa e ódio pela figura do pai no percurso do menino. A identificação do menino com a figura paterna se daria pelo terror de perder o pênis, órgão corporal altamente valorizado, de forma que em nome de não perdê-lo o mesmo abriria mão do desejo dirigido à figura materna.

Posteriormente, o discurso freudiano complexificou bastante essa narrativa do complexo de Édipo. Isso é evidente também para os leitores críticos do discurso freudiano. Assim, não existiria apenas amor e atração erótica, de um lado, e ódio e repulsa, de outro. Ao contrário, existiriam agora amor e ódio pelo menino para cada uma das figuras da cena edipiana, na qual se contrapunham também as posições de atividade e passividade com suas diversas valências, isto é, direcionadas a ambas as figuras parentais.[155] O discurso freudiano incorporou aqui a dimensão de **ambivalência** presente nas relações do sujeito com os objetos e com os outros no cerne de sua narrativa sobre o complexo de Édipo.[156]

Existe, então, nesta descrição teórica do complexo de Édipo, uma formulação sobre a lei da **interdição do incesto**, que seria constitutiva deste. Esta lei regularia as trocas eróticas e afetivas da figura do menino na sua cena familiar, delineando sua identidade sexuada e o seu destino erótico. A culpa da figura do menino se inscreveria, então, na trama trágica da tessitura

---

[155]Freud, S. "Psychologie des foules et analyse du moi". *In*: Freud, S. *Essais de psychanalyse*; Freud, S. "Le moi et le ça" (1923). *Idem.*
[156]Freud, S. "Au-delà du principe du plaisir" (1920). *Idem.*

desse complexo, na qual ódio e amor, erotismo e desejo de morte se entrelaçariam intimamente na sua estrutura. Freud procurou fundar histórica e miticamente o complexo de Édipo, em *Totem e tabu*, ensaio de 1913, no qual se buscava interpretar a incidência insistente dessa culpa a partir de um suposto assassínio do pai primitivo nas origens da humanidade.[157]

As marcas desse parricídio originário permeariam então a história humana, sendo transmitidas de geração a geração como traços constitutivos da subjetividade. A dimensão de imperativo da interdição do incesto perpassaria, então, o psiquismo.

Porém, o que o discurso freudiano realizou foi sempre a narrativa masculina do complexo de Édipo, sendo a narrativa feminina deixada inicialmente de lado. Era dito ao leitor que o mesmo paradigma seria válido para a figura da menina, mas as polaridades do ódio e do amor deveriam agora ser enviadas para as figuras da mãe e do pai, respectivamente. Com isso, os ímpetos eróticos e destrutivos obedeceriam pois a outras figurações e linhas de força.

Porém, ficavam presentes aqui algumas obscuridades, já que a figura da mãe seria a figura originária de referência tanto para o menino quanto para a menina. Portanto, como ficaria então, nessa redistribuição de figuras e de papéis, os movimentos de ódio e de amor, de volúpia e de destruição? Ao leitor ficava então destinada a solução desse quebra-cabeça, desse verdadeiro enigma, o qual poderia equacionar do jeito que quisesse e bem entendesse.

---

[157]Freud, S. *Totem et tabou* (1913). Capítulo 4. Paris, Payot, 1975.

O leitor de Freud não ficava, pois, numa posição confortável e esclarecida, diga-se de passagem. Isso porque Freud nos dizia que não se tratava absolutamente do complexo de Electra no que concerne à figura da menina. A obscuridade nos confundia. O enigma estava posto, contudo. Posteriormente, com a polaridade do amor e do ódio voltada para ambas as figuras da cena, na qual a ambivalência tomou corpo no cenário edipiano, o leitor pôde depreender disso algo bastante mais evidente. Isso é óbvio. Pôde interpretar melhor, assim, a dinâmica do complexo de Édipo também na figura da mulher. Mesmo então, algumas obscuridades ainda permaneceram de maneira vivaz no seu espírito.

Contudo, quando o discurso freudiano passou a formular algo sobre a especificidade da figura feminina em relação à masculina, os enigmas foram sendo mais bem decifrados. Poder-se-ia não concordar com as hipóteses teóricas de Freud — como ocorreu, aliás, com uma parcela importante da comunidade psicanalítica —, mas suas proposições teóricas eram bastante claras. Pode-se acompanhar o percurso de Freud sobre isso entre 1924 e 1932, nos ensaios em que procurou fundamentar sua leitura do feminino e da sexualidade da mulher.

Nesse contexto, o discurso freudiano procurou desenvolver de maneira mais aguda e precisa as relações da figura da menina com a mãe primordial, dita pré-edípica, para delinear então o que denominou de **continente negro** da mulher.[158] É claro que a relação com a figura da mãe arcaica seria também constitutiva do menino; porém, as especificidades da constituição psíquica

---

[158]Freud, S. "La Sexualité féminine" (1931). *In*: Freud, S. *La Vie sexuelle*. Paris, Presses Universitaires de France, 1973.

da mulher fariam com que esta relação deixasse marcas indeléveis. A trama constituída pela articulação entre a inexistência
do pênis na mulher e a inveja do pênis passou a ser polarizada a
partir da experiência do continente negro. Com isso, as figuras
da mãe **arcaica** e da **mãe edípica** ficaram mais bem delineadas
na narrativa freudiana do complexo de Édipo e da constituição
da subjetividade feminina. Além disso, o significado da entrada
da figura paterna na trama edipiana ganhou também contornos
novos e mais bem definidos.

A **especificidade** do complexo de Édipo da mulher foi então
enunciada com mais rigor. Com efeito, o complexo edipiano na
menina começaria então onde o do menino terminaria, já que o
complexo e a angústia de castração seriam os determinantes disso.
Assim, se a ameaça de castração no menino seria aquilo que o
arrancaria definitivamente do regaço e da volúpia dirigida à figura
materna e lhe conduziria ao mundo paterno, no caso da mulher,
em contrapartida, onde supostamente a castração existiria, no real
do corpo, a constatação desta lhe conduziria a uma busca do órgão
faltante.[159] Desta maneira, a mulher estaria sempre buscando isso
que lhe faltaria, que da figura do pai à do homem, mediada pela
do bebê, ordenaria seu percurso.[160] O Édipo da mulher se iniciaria,
pois, onde o do homem terminaria. "Tornar-se mulher" seria,
enfim, o emblema maior e o aforismo que definiria o percurso
feminino ao longo do complexo de Édipo.

---

[159]Freud, S. "La Sexualité Féminine". *Idem*; Freud, S. "La Féminité". *In*: *Nouvelles
conférences sur la psychanalyse* (1932). Paris, Gallimard, 1936; Freud, S. "Quelques
conséquences psychiques de la différence anatomique entre les sexes" (1925). *In*:
Freud, S. *La Vie sexuelle. Op. cit.*
[160]*Ibidem.*

Contudo, meu interesse inicial aqui não é entrar no mérito das teses avançadas por Freud, mas sublinhar as diferenças cruciais de percurso quando este enunciou as concepções masculina e feminina do complexo de Édipo. A descrição inicial do discurso freudiano nos queria fazer crer que a figura da mulher poderia ser concebida a partir da figura do homem e que bastaria narrar o Édipo do segundo para que se pudesse, consequentemente, ter acesso ao da primeira. Contudo, como já se viu, a coisa não era bem assim, tanto que o discurso freudiano teve de construir posteriormente uma teoria do complexo de Édipo na mulher destacando sua especificidade em relação ao homem. Porém, este **fazer crer** a que aludi há pouco, de que o complexo de Édipo feminino pudesse ser concebido a partir do masculino, como um simples reflexo e espelho deste, não é uma banalidade. Esta suposição é plena de consequências e revela muitos dos pressupostos dos quais o discurso freudiano partiu para realizar a construção que fez. Pressupostos teóricos e éticos, evidentemente. E, além disso, teórico porque ético, na medida em que o primeiro funcionaria como derivação do segundo, isto é, a escolha ética como condição de possibilidade do registro teórico.

Nos enunciados forjados inicialmente pelo discurso freudiano sobre o Édipo, seria a representação do masculino que permitiria elucidar a do feminino. O ser da mulher poderia ser revelado, na sua positividade e negatividade, por uma especulação em relação ao do homem. Seria por comparação e até mesmo por subtração que o ser da mulher poderia ser elucidado a partir da condição masculina.

A esse respeito, algumas formulações podem ser enunciadas, impondo-se a explicitação de certos pressupostos presentes no discurso freudiano. Antes de mais nada, a figura do masculino seria em si mesma mais **evidente** que a do feminino. Esta seria marcada pelo velamento e pela obscuridade. No que tange a isso, aliás, o discurso freudiano sobre a mulher sempre evocou o **enigma da feminilidade**.[161] A feminilidade enquanto tal seria algo, pois, da ordem do enigmático e do quase indizível. Isso quer dizer, portanto, que a figura da mulher estava sendo concebida por Freud como inconsistente e obscura.

No seu último ensaio sobre a feminilidade (de 1932), Freud referiu-se assim à figura da mulher, dizendo, além disso, que talvez a poesia e a arte pudessem decifrar melhor o ser da feminilidade do que os discursos da ciência e da psicanálise.[162] Esta evocação final de Freud foi uma mera repetição do que já dissera antes, isto é, que os poetas poderiam dizer mais e melhor sobre a feminilidade do que a psicanálise e a ciência. Tudo isso nos indica, portanto, uma **transparência** evidente da figura masculina — na representação teórica do discurso freudiano, pelo menos — e uma **obscuridade** patente da feminina. O que transformaria, enfim, o ser da mulher em enigma.

Porém, isso ainda não é tudo. Pela sua evidência mesma, a figura do homem poderia ser inicialmente o paradigma para a leitura do feminino. Assim a transparência do masculino poderia desvelar a obscuridade indizível do feminino. Eu sei que posteriormente o discurso freudiano não afirmou mais exatamente isso,

---

[161]Freud, S. "La Féminité". *In*: Freud, S. *Nouvelles conférences sur la psychanalyse* (1932). *Op. cit.*
[162]*Ibidem.*

mas problematizou tal enunciado. Porém, inicialmente esta era a **crença** de Freud. Além disso, o discurso freudiano construiu-se sobre essa crença, para aquele evidente. O masculino, tomado como paradigma, faria com que o feminino fosse mais bem esclarecido, sendo sublinhada assim sua condição enigmática.

O que tudo isso nos revela, afinal de contas? Antes de mais nada, que tomar a figura do masculino como evidente e a do feminino como enigmática — a primeira como representação da transparência e a segunda como a da obscuridade —, aliado ao fato de que a leitura da primeira poderia esclarecer a da segunda, é a **versão freudiana** da concepção antiga de que o homem seria a representação da **perfeição** e de que a mulher representaria a **imperfeição**. Com isso, não apenas o sexo perfeito poderia ser mais bem conhecido e falado do que o imperfeito, como também somente pela mediação da perfeição sexual a imperfeição poderia ser conhecida e efetivamente pesquisada. A luminosidade seria definitivamente masculina, enquanto a feminilidade seria obscuridade e sombra, só podendo ser revelada pela luz lançada pela masculinidade, que a retiraria do limbo, isto é, da sua posição de enigma e de silêncio.

Vale dizer que, quando o discurso freudiano retomou a antiga concepção da histeria, introduzindo novamente uma leitura sexual que se contrapunha ponto por ponto a uma leitura nervosa da mesma, trouxe com isso também uma concepção sobre a hierarquia entre o masculino e o feminino, regulada que seria pelo par de opostos perfeição/imperfeição. A suposta evidência do masculino inscreve-se aqui, sem dúvida. Além disso, a dimensão enigmática da feminilidade encontra aqui uma das possibilidades para sua interpretação, indubitavelmente.

O discurso freudiano repetiu, portanto, num momento histórico posterior, o que o discurso anatômico realizou até o século XVII, isto é, estudou o psiquismo pelo paradigma masculino da perfeição, deduzindo daí o feminino, pela consideração de sua imperfeição. Por isso mesmo, na narrativa freudiana inicial, a subjetividade inscrita na cena edipiana era sempre forjada pelo percurso do menino e não pelo da menina. Posteriormente, o carteado desse jogo se complicou bastante, como já disse, mas nos primórdios foi exatamente assim que as coisas foram enunciadas.

Porém, é preciso reconhecer ainda mais do que isso, qual seja, que no começo era assim não apenas no que concerne à leitura do complexo de Édipo, mas em quase todos os demais conceitos psicanalíticos em que a questão da diferença sexual estivesse em pauta. Com efeito, de início a sexualidade feminina era sempre pensada a partir da sexualidade masculina, que funcionaria então como seu paradigma e exemplo modelar. As especificidades da figura da mulher foram então apagadas no confronto com o modelo da figura do homem, que se transformou, assim, no **paradigma universal** da subjetividade humana. O pretenso universalismo do discurso freudiano sobre o psiquismo se pautou, enfim, pela ênfase colocada por um modelo evidentemente masculino, sendo apenas num momento posterior que a especificidade do feminino foi introduzida, como um caso particular deste universalismo.

Assim, é preciso reconhecer devidamente que, se o discurso freudiano rompeu com a teoria nervosa da histeria e das demais perturbações do espírito — introduzindo novamente a sexualidade na etiologia destas e contrapondo-se para tal ao dispositivo da hereditariedade-degeneração —, isso se fez pelo viés de realocar a concepção antiga da sexualidade. Nesta, a figura do homem era representada como hierarquicamente superior à da mulher, sendo então o sexo perfeito em face do imperfeito. A particularidade do discurso freudiano foi a de tentar articular tudo isso com a concepção moderna da diferença sexual, pela qual esta diferença passou a ser esboçada agora como de natureza libidinal entre as figuras do homem e da mulher.

A diferença sexual teria de ser pensada, pela psicanálise nascente, em termos libidinais, e não nos termos dos discursos da anatomia e da fisiologia. Isso tudo apesar de ser muito bem considerado também por Freud que as marcas das diferenças anatômicas e fisiológicas não eram absolutamente banais e descartáveis para a construção subjetiva, pois, afinal de contas, se a anatomia não definia de maneira determinista um destino, em contrapartida, seguramente o delineava.[163] Por isso mesmo, impunha-se conceber a diferença sexual entre homem e mulher em termos libidinais.

É preciso examinar agora **como** o discurso freudiano resolveu esse intrigante imbróglio, isto é, articular a concepção do sexo único no contexto teórico da diferença sexual. É necessário ainda se perguntar se o discurso freudiano solucionou de fato este imbróglio, o que não é líquido e certo, como se pode pensar inicialmente, ou, se, ao contrário, formulou uma terceira via, entre as duas anteriores referidas, caminhando para além delas.

---

[163]Freud, S. "Quelques conséquences psychiques de la différence anatomique entre les sexes". *In*: Freud, S. *La Vie sexuelle. Op. cit.*

De qualquer maneira, nos seus primórdios, o discurso freudiano investiu de forma decisiva na concepção antiga da sexualidade, mesclando-a especificamente aos efeitos do paradigma moderno da diferença sexual. Esta é uma das hipóteses fundamentais de toda essa releitura do discurso freudiano que realizo aqui. É o que vou procurar demonstrar ainda no que se segue.

II. PASSIVIDADE E ATIVIDADE

Na sua teoria traumática de sedução, Freud procurou delinear sua própria concepção de trauma e as formas pelas quais a sedução assumiria efetivamente uma eficácia traumática. Por essa trilha interpretativa, o discurso freudiano buscou contestar o bem fundado da teoria nervosa, retomando uma leitura centrada na teoria sexual. Com isso, no entanto, construiu também uma leitura das demais psiconeuroses, em particular da neurose obsessiva, na qual o que estava em questão, em última instância, eram os diferentes destinos do impacto traumático sobre o sujeito.[164] Como ainda se verá, no entanto, a marcante contraposição entre histeria e obsessão se calcava também na oposição entre as figuras do masculino e do feminino, nos termos estritos da matriz de pensamento colocado em ação pelo discurso freudiano.

Assim, vejamos como isso pode ser demonstrado numa leitura atenta do discurso freudiano. Na época da concepção traumática, aquele discurso ainda trabalhava com a concepção

---

[164]Freud, S. "L'Étiologie de l'hystérie". *In*: Freud, S. *Névrose, psychose et perversion*. *Op. cit.*

sexológica e pré-psicanalítica de que não existiria sexualidade infantil, já que a sexualidade propriamente dita seria a resultante da maturação biológica das gônadas, resultante, pois, da produção de hormônios sexuais.[165] Isso é bastante importante, na medida em que a construção do trauma enquanto tal se faria em dois tempos, e só na **posterioridade** — isto é, quando o sujeito adquirisse finalmente uma maturidade sexual na adolescência — o impacto traumático original ganharia não apenas força como forma na subjetividade. Existiria, pois, uma interpretação sexual do ocorrido antes, num tempo posterior, quando o sujeito fosse propriamente sexuado.[166]

Portanto, a cena original do trauma, o seu tempo primordial, se ordenaria na infância, num contexto delineado por Freud como **sexual-pré-sexual**, isto é, a cena sexual ocorreria num momento em que o sujeito não poderia aquilatar sua significação propriamente erótica, que viria apenas no tempo da posterioridade, na maturidade sexual. Essa estrutura, delineada então em dois tempos, seria pois constitutiva do próprio trauma. A cena segunda seria constituída no tempo do *a posteriori*, de forma a produzir o trauma propriamente dito.

Dito isso, analisemos então a cena originária. O discurso freudiano enunciou que existiria inicialmente uma **assimetria de posição** entre os dois personagens implicados na cena que produziria a sedução. Os personagens poderiam ser duas crianças, na qual a figura do sedutor seria a mais velha e a do seduzido, a mais jovem. Ou, então, poderiam estar implicados na cena uma

---

[165]*Ibidem.*
[166]*Ibidem.*

criança e um adulto, na qual o adulto seria a figura do sedutor e a criança, a do seduzido. Existiria sempre, então, uma assimetria de posição entre os personagens, que seria a condição concreta de possibilidade para a experiência da sedução.

Essa assimetria de posição se evidencia, no entanto, como uma **assimetria de forças** entre as figuras em questão. A figura mais velha teria assim maior força — **real, imaginária** ou **simbólica** — que a mais jovem, impondo então as condições do jogo erótico. O constrangimento e o submetimento que provocaria a sedução seriam então decorrentes dessa distribuição de papéis, de maneira que a assimetria de forças se desdobraria necessariamente num jogo de **poder**, isto é, numa relação de poder entre as personagens envolvidas.

Na cena assim esboçada pelo discurso freudiano, a figura do seduzido ficaria numa posição **passiva** em relação à do sedutor, que ocuparia então a posição **ativa**. A segunda imporia a sedução ao primeiro, constrangendo-o, pois, a seus caprichos e desejos. Seria o poder real, imaginário ou o simbólico do segundo que o transformaria justamente numa figura sedutora para a primeira, que se encanta e cede ao charme daquele. A totalidade da cena em pauta se centra na oposição radical entre **atividade** e **passividade**, fundada no poder de um personagem sobre o outro, e em sua assimetria, que consolidariam sua força nesse jogo macabro de posições.

No discurso freudiano, seria este o **acontecimento** primordial para a constituição da histeria, na figura do seduzido, é óbvio. Contudo, para que a histeria se produzisse efetivamente no campo sintomático, necessário seria que ocorresse outra cena, num tempo segundo, na puberdade e na adolescência, com similaridades simbólicas com a primeira. Apenas então a sedução se transformaria em trauma propriamente dito, já que somente agora a figura do seduzido poderia dar um significado erótico para a cena primordial, pelas razões já explicadas. Enfim, a cena segunda funcionaria como **interpretante** da primeira, sendo, pois, o acontecimento **fundador** da histeria.[167]

Nessa perspectiva, o psiquismo do sujeito histérico se caracterizaria então pela passividade, manipulado que seria pela atividade perversa de um outro que lhe submeteria com os signos de seu poder, real, imaginário e simbólico. Essa passividade indicaria, portanto, um **cenário masoquista** como fundamento da histeria, como sua condição de possibilidade concreta e fonte inesgotável de sua produção fantasmática. Além disso, a figura do outro do sujeito histérico seria sempre a figura do sedutor, desejável e indesejável, na sua dupla face de fascínio e horror.

Porém, o discurso freudiano procurou também conceber o que ocorreria com alguns desses indivíduos, que seriam submetidos igualmente ao acontecimento primordial e infantil da sedução e poderiam se proteger da perturbação histérica posterior. Assim, para não serem destinados à passividade e ao masoquismo funestos, esses indivíduos teriam de mudar taticamente de posição, deslocando-se então do lugar de passividade para o da atividade. Vale dizer, sairiam então da posição do seduzido para o do sedutor, submetendo, então, outro indivíduo, considerado mais fraco que ele próprio, ao mesmo cenário macabro a que foi anteriormente submetido. Esses indivíduos, enfim, conseguiriam assim se proteger do cenário

---

[167]*Ibidem.*

masoquista funesto, ao se deslocarem, pois, da posição do seduzido para a do sedutor.

Nos termos do discurso psicanalítico posterior, ao empreender este deslocamento de posição de passividade para a de atividade e ao sair da figura do seduzido para a do sedutor, o sujeito estaria realizando uma **identificação com o agressor**. Consequentemente, ao invés de ficar fixado numa posição masoquista, aquele se deslocaria para uma **posição sádica**. Nesse contexto, a subjetividade organizaria uma neurose obsessiva — e não mais a histeria —, marcada que seria pela série da posição sádica, da atividade e da submissão do outro.

Desde a formulação da teoria nervosa, sabia-se que a histeria poderia ocorrer também entre os homens. Mas, nos imaginários social e médico, a histeria continuava associada à figura da mulher. Em contrapartida, no imaginário popular e no da medicina, a neurose obsessiva seria fundamentalmente uma perturbação masculina do espírito.

Com efeito, bem antes de ser caracterizada como uma perturbação psiquiátrica e mesmo neurológica, sendo cuidada especificamente pelas terapêuticas do psíquico, a histeria existia como demanda de cuidados no campo da medicina clínica e principalmente da clínica de mulheres. Este era o grande reduto da histeria nas primeiras décadas do século XIX, isto é, um território do feminino por excelência, bem antes da inclusão daquela no campo dos saberes do psíquico.[168] Portanto, a histe-

---

[168]Swain, G. "L'Âme, la femme, le sexe et le corps. Remarques sur la formation de l'idée contemporaine de psychothérapie". *In*: Swain, G. *Dialogue avec l'insensé,* Paris, Gallimard, 1994; Gauchet, M., Swain, G. *Le Vrai Charcot. Op. cit.*

ria continuava identificada com a feminilidade, apesar de seu reconhecimento também entre os homens.

Em contrapartida, a neurose obsessivo-compulsiva estava intimamente associada ao território do masculino, sendo recenseada de fato principalmente entre os homens. Assim, enquanto perturbação do **pensamento** e da **vontade**, a neurose obsessiva seria principalmente masculina, enquanto a histeria, como perturbação **corpórea** e **afetiva**, seria principalmente feminina.

Existiriam aqui, portanto, duas figurações imaginárias pregnantes do ser do homem e da mulher, pelas quais o masculino se caracterizaria pelas faculdades morais **superiores** do pensamento e da vontade, enquanto o feminino se fundaria nas faculdades **inferiores** do afeto e em sua dimensão corpórea. Por isso mesmo, o cenário fantasmático da mulher se fundaria no masoquismo, enquanto o do homem seria o sadismo.

A masculinidade seria, portanto, uma representação da civilização, enquanto a feminilidade seria uma representação da natureza, como era comum no imaginário do século XIX. Com efeito, a civilização estaria indicada pelas faculdades estruturais superiores, isto é, o pensamento e a vontade, enquanto a natureza, pela faculdade inferior do afeto e pelo corpo. Pode-se depreender daí como, no imaginário sexual, se redistribuíram igualmente as figuras do masculino e do feminino, de maneira bem precisa. Por isso mesmo, o masoquismo seria o polo definidor do feminino, enquanto o sadismo seria o polo do masculino, nesse confronto terrorífico travado no campo do imaginário.

A sexologia de Kraft-Ebing delimitou a figura da mulher como masoquista na segunda metade do século XIX.[169] Este traço a definiria enquanto tal, marca direta e imediata que seria de sua natureza e de sua diferença. O masoquismo seria, portanto, um traço instintivo da mulher, consequência direta de sua posição passiva, que se contraporia à posição ativa da masculinidade. Todas essas diferenças entre os sexos, enfim, se ancorariam no registro da natureza, derivando-se em seguida para as faculdades morais do espírito de maneira indelével.

Assim, foi certamente sobre essa matriz fundadora do imaginário do século XIX, que delineava os dois sexos segundo certos valores e marcas de base, que o discurso freudiano se baseou para realizar sua leitura das figuras psicopatológicas da histeria e da neurose obsessiva. Foi por causa disso que o masoquismo se transformou no cenário fundador da histeria, enquanto o sadismo fundaria a obsessão. Nessa oposição, contudo, condensavam-se ainda várias outras, isto é, uma série de outras oposições entre o masculino e o feminino, em escala crescente de grandeza e complexidade.

A esse respeito, é preciso reconhecer, nos seus menores detalhes, as sutilezas presentes na leitura freudiana dessa matriz imaginária de origem. Com efeito, seria de uma relação diferenciada em face da passividade e da atividade, pela qual se definiriam duas posições radicalmente diversas de si mesmo e do outro, que as figuras do feminino e do masculino fariam sua emergência no mundo. Isso circunscreveria não apenas duas modalidades diferentes de gozo, mas também duas posições opostas no cenário erótico. Com efeito, de uma das formas de gozar e de se inscrever na

---

[169]Kraft-Ebing, R. *Psychopathia sexualis. Op. cit.*

cena erótica adviria uma modalidade de sujeito centrado no corpo e no afeto, enquanto na outra adviria um movimento originário de domínio sobre o mundo, que se revelaria num desenvolvimento consistente do pensamento e da vontade. A construção freudiana do ser masculino e do ser feminino, enfim, é bastante meticulosa ao se apoiar em pequenos e reveladores detalhes da matriz imaginária da modernidade sobre a diferença sexual.

Poder-se-ia arguir agora, no entanto, que o discurso freudiano se descartou da teoria do trauma e da sedução, em nome da teoria do fantasma, para as perturbações do espírito. A esse respeito, é claro que o discurso freudiano se transformou, isto é indiscutível. Porém, mesmo que se considere devidamente a mudança teórica, disso não decorreria a invalidação teórica de interpretação, que procuro encaminhar aqui, já que o discurso freudiano não se inscreveu em outra direção de trabalho. Isso porque, nessa transformação teórica, permaneceram ainda como invariantes do discurso freudiano as figurações do feminino e do masculino, em seus diferentes registros de complexidade.

Isso porque essas figurações foram inscritas naquele discurso pela mediação da matriz imaginária do século XIX, funcionando, pois, como um verdadeiro *a priori* definido no plano dos valores, não como um conceito mas de fato como um preconceito. Consequentemente, os conceitos psicanalíticos foram forjados sobre esse solo, que funcionou como sua condição concreta de possibilidade.

Podem-se registrar ainda as derivações e os efeitos dessa matriz imaginária e desse **ethos** forjador das figuras do homem e da mulher nos escritos freudianos tardios sobre a sexualidade feminina, que constituíram verdadeiramente uma representação inferior da mulher no que concerne ao mundo dos valores espirituais. É o que vamos demonstrar agora, no que se segue. Foi em função mesmo dessa leitura freudiana do psiquismo da mulher que uma parcela significativa do movimento feminista se opôs à psicanálise e a combateu de maneira frontal.

III. FALTA E NATUREZA

Entre 1924 e 1932, Freud escreveu um conjunto de ensaios nos quais foi tematizada a problemática do feminino em psicanálise, como já disse acima. Destes quatro textos, apenas o primeiro — "O declínio do complexo de Édipo"[170] — não era inteiramente dedicado à leitura da mulher. Nos demais, o estatuto do feminino era o objeto teórico em questão, que se apresentava como tal, sem interrupção, do começo ao fim. Contudo, o ensaio "O declínio do complexo de Édipo" esboçava não apenas as hipóteses centrais presentes nos demais textos, mas condensava todos os temas e as questões desenvolvidas logo em seguida.

O que estava em pauta no desenvolvimento freudiano em "O declínio do complexo de Édipo", que pontuou a totalidade do percurso teórico posterior? Nada mais nada menos que os diferentes destinos psíquicos do homem e da mulher, em face da presença, no primeiro, de uma **ameaça** de castração e da

---

[170]Freud, S. "La Disparition du complexe d'Oedipe" (1924). *In*: Freud, S. *La Vie sexuelle. Op. cit.*

inexistência, na mulher, da dita ameaça. Vale dizer, no caso da figura masculina, a dita ameaça se transformaria em **angústia de castração**, pelo terror do menino em perder esse órgão corporal narcisicamente tão valorizado, já que era uma fonte infinita de gozo e prazer, o que não seria o caso da figura feminina. Com efeito, na mulher não existiria nem a ameaça nem a angústia de castração, na medida em que inexistiria o pênis a ser cortado. Não poderia, por isso mesmo, existir nenhuma ameaça efetiva.

Nesse cenário, o complexo de Édipo do menino chegaria a seu fim, pelo horror deste em ser castrado. A relação de volúpia com a mãe entraria em estado de suspensão, aceitando o menino não apenas as regalias da figura do pai junto à mãe, mas principalmente seu papel de agente da interdição. A **interdição do incesto** se inscreveria, neste momento, na constituição do sujeito, pela mediação do pai, que representaria então uma instância terceira entre as figuras da mãe e do filho. Com isso, o menino se identificaria com a figura paterna, adquirindo uma identificação sexuada, que seria propriamente secundária em relação à identificação narcísica considerada primária e originária. Seria constituída, assim, a instância psíquica do **ideal do eu**, transformação do **eu-ideal** da organização narcísica originária, assim como a do **supereu**, como instância interditiva e representação interiorizada dos imperativos morais. O supereu, enfim, seria a resultante maior do complexo de Édipo, uma consequência fundamental deste no psiquismo, segundo os critérios da interpretação freudiana.

Nessa perspectiva, o supereu seria então o representante por excelência do mundo moral na subjetividade, sendo a instância psíquica pela qual o sujeito ficaria submetido ao imperativo categórico[171] concebido pela moral kantiana.[172] No fundamento dessa instância moral estaria, pois, a interdição do incesto, já que esta seria a condição de possibilidade para a instauração dos demais interditos. Vale dizer, a interdição do incesto seria a proibição por excelência, isto é, a condição dos demais imperativos morais pela qual a lei moral se formalizaria para a subjetividade. Foi assim que o discurso freudiano interpretou os pressupostos da filosofia moral de Kant.

O discurso freudiano retirou dessa descrição uma série de consequências para enunciar certos traços da moralidade masculina. Com efeito, a figura do homem teria uma relação específica com a lei moral e com valores em geral, decorrente desses efeitos do fim do complexo de Édipo, regulado pela angústia de castração. O homem teria uma tendência para o reconhecimento e para o respeito à lei e aos valores, na qual estes assumiriam uma feição de universalidade. Vale dizer, a lei moral e os valores teriam uma inscrição transcendente no universo masculino, representando, pois, um mais além, ao qual a figura do homem se submeteria de maneira infalível.

Pode-se depreender daí, novamente, como a dimensão do universalismo entre os seres humanos aparece sempre representada pela figura do masculino. Como vimos antes, o masculino, como suporte do universalismo, foi enunciado por Freud quando concebia tanto a sexualidade quanto o complexo de Édipo a partir da figura do homem, tomado sempre como o paradigma

---

[171]Freud, S. "Le Moi et le ça". *In*: Freud, S. *Essais de psychanalyse. Op. cit.*

[172]Kant, E. *Critique de la raison pratique*. Paris, Presses Universitaires de France, 1943.

universal do ser humano. As demonstrações freudianas dos conceitos psicanalíticos se apoiavam sempre nos exemplos ligados ao percurso masculino, como já vimos. Agora, no entanto, pode-se vislumbrar ainda o outro lado da mesma moeda, sendo este lado, em verdade, o fundamento do primeiro. Vale dizer, o universalismo seria uma produção advinda da subjetividade masculina, inerente, pois, a esta, como decorrência que seria da ameaça e da angústia de castração, que possibilitaria uma relação de reverência e sacralidade para com a lei moral.

Pode-se demonstrar ainda a mesma coisa se considerarmos agora o percurso libidinal da figura da mulher. Com efeito, para esta não existiriam nem ameaça nem muito menos angústia de castração. Isso porque a mulher se reconheceria como castrada, destituída que seria daquele órgão mágico do erotismo. Para a mulher, a ameaça não teria nenhum suporte de efetividade, não sendo, pois, a castração a angústia que aterrorizaria a figura da mulher. Ao contrário, o desolamento desta seria por não possuir esse distintivo dos seres humanos, sentindo-se, por isso mesmo, inferiorizada e depreciada em face da figura masculina.

Como decorrência disso, a figura feminina teria estrutural diminuição de sua autoestima, uma espécie menos-valia narcísica. Passaria então a acusar ativamente, no seu cenário fantasmático, a figura materna por não tê-la dotado desse signo corporal de distinção. Vale dizer, a mãe não teria sido generosa para com ela como foi para com o filho homem, não lhe ofertando, pois, esta dádiva. Portanto, o grande sofrimento e a maior ameaça das mulheres seria sempre a **perda do amor,** já que o fato de a mãe não lhe ter ofertado o pênis, seria para elas uma espécie de revelação deste desamor primordial.

Em consequência, a figura da mulher teria um ódio originário voltado para a figura materna, por ter sido assim destituída. Então se voltaria para a figura do pai, na expectativa de que este lhe desse afinal aquilo que a mãe não lhe ofertara. Porém, o pai também a decepcionaria quanto a isso, e a figura da mulher o desprezaria e descartaria, como antes fizera com a mãe. A mulher passaria, então, a buscar aquilo que lhe falta na figura de um **homem**. Contudo, como este não poderia lhe ofertar definitivamente aquilo de que carece, a mulher encontraria finalmente num **filho**, o seu substituto fálico.

No entanto, este filho teria de ser do sexo masculino, se possível, para satisfazer a demanda fálica feminina. Caso contrário, a **plenitude** fálica seria relativa e sempre insuficiente. A figura materna não investiria então a figura do filho e a da filha da mesma maneira, valorizando, pois, mais o menino — que lhe daria a tal plenitude fálica — do que a menina, que não lhe ofertaria isso. Isso implica o reconhecimento efetivo, pelo discurso freudiano, do valor superior da figura do homem em relação à da mulher.[173]

De qualquer maneira, o complexo de Édipo da mulher apenas se iniciaria quando esta se descobre castrada e começa a perseguir aquilo que lhe falta, buscando ser restituída por intermédio das figuras do pai e do homem. Vale dizer, o Édipo feminino começa efetivamente quando o masculino termina. O seu motor e a sua energia seriam então aquilo que lhe falta. A **inveja** seria, pois, aquilo que caracterizaria profundamente o ser da mulher,

---

[173]Freud, S. "La Féminité". *In*: Freud, S. *Nouvelles conférences sur la psychanalyse. Op. cit.*

GRAMÁTICAS DO EROTISMO

sua marca fundamental. A dita **inveja do pênis** seria, portanto, constitutiva do ser feminino.[174]

Por isso mesmo, o ser feminino se caracterizaria pela pequena dimensão de seus sentimentos e valores. A mulher seria mesquinha, reivindicativa e rancorosa como decorrência de sua inveja fundamental. Ao lado disso, seria também atravessada pela rivalidade, seja em relação à figura do homem — que teria aquilo que ela não possui —, seja em relação às outras mulheres, que poderiam já ter resgatado aquilo que ela angustiadamente procura, isto é, o pênis/falo como signo da completude e da distinção de seu ser.

Depreende-se, então, dessa construção freudiana como as mulheres não teriam a mesma relação com a lei moral que os homens. Aquelas não se submeteriam a esta lei como uma instância de **transcendência** a ser reverenciada e sacralizada. Consequentemente, o imperativo moral para a mulher não teria assim a consistência que existiria no universo masculino. Este imperativo seria então frouxo e tênue. Por isso mesmo, as mulheres seriam marcadas por sentimentos muito pouco gloriosos e destituídos de grandeza — isto é, a inveja, a mesquinharia, a reivindicação e a rivalidade interminável.

Ainda por isso as mulheres ficariam grudadas ao polo da natureza, e não ao da civilização, como marca fundamental de seu ser. Com efeito, a civilização seria permeada pela transcendência da lei moral e de seus imperativos, que não se instituiriam na figura da mulher da mesma maneira que na do homem. Em

---

[174]Freud, S. A esse respeito, ver diversos ensaios freudianos sobre a feminilidade já fartamente citados ao longo deste capítulo.

decorrência disso, a figura da mulher seria marcada pelo **particularismo**, pela parcialidade de seu ponto de vista faltante, não tendo acesso, pois, ao universalismo da lei que caracterizaria a subjetividade masculina. Enquanto representação encarnada da natureza e não da civilização, enfim, a figura da mulher teria um valor inferior à do homem.

A esse respeito, o discurso freudiano foi bastante longe na interpretação. Os seus enunciados são bastante radicais, como desdobramento dos pressupostos enunciados. Com efeito, o particularismo feminino e os limites da mulher no acesso à lei moral e à transcendência teriam como consequência maior um menor desenvolvimento das faculdades morais superiores, isto é, o pensamento e a vontade.

A figura da mulher não teria então a propensão ao pensamento **abstrato**, como a do homem, ficando colada a uma modalidade **concreta** de pensamento, como resultante maior de seu limitado acesso à lei moral enquanto instância do universal. A posição particular da subjetividade feminina a restringiria, então, a um recorte restrito e circunscrito do mundo, limitando sua apreensão das coisas e das relações inter-humanas. Além disso, a vontade feminina seria frágil e inconstante, pela mesma carência da dimensão do universal e da sua restrição ao particular, fazendo com que as mulheres sejam precipitadas em suas ações e mesmo violentas em seus atos. Vale dizer, a figura da mulher teria, em função disso, uma propensão à **atuação** e à **passagem ao ato**, de acordo com a linguagem técnica da psicanálise.[175]

---

[175]*Ibidem.*

Contudo, essa limitação do registro do pensamento e da vontade, essa forte inserção no polo da natureza e fraca inscrição, em contrapartida, no da civilização seriam resultantes da menor capacidade de **sublimação** da figura da mulher em relação à do homem. O não submetimento à transcendência da lei moral e a rebeldia em face dos imperativos éticos — como consequência que são da inexistência da angústia de castração — produziriam uma marcante fragilidade da instância psíquica do supereu, denominado por Freud de "herdeiro do complexo de Édipo". Em decorrência disso, a figura da mulher não teria muita possibilidade de sublimar, mediação pela qual a subjetividade poderia ter um acesso mais complexo ao mundo da civilização.[176] Daí, portanto, o particularismo feminino, aliado à fragilidade da vontade e o acolamento concreto às coisas no registro do pensamento.

Pode-se depreender disso tudo a marca de **periculosidade** intrínseca da subjetividade feminina. Em função da inveja e da falta de grandiosidade ética, a figura da mulher seria então uma fonte interminável de perigo para a civilização e para a sociedade. A insistente demanda de erotismo e de amor a destinaria à ruptura dos laços sociais, como afirmou Freud em *Mal-estar na civilização*.[177] O particularismo de suas permanentes demandas de gozo lhe impediria reconhecer a transcendência dos imperativos morais e da ordem social enquanto totalidade. A figura da **mulher perigosa** não seria apenas uma espécie e uma exceção no gênero mulher, mas seria, antes de mais nada, uma virtualidade e

---

[176]*Ibidem.*
[177]Freud, S. *Malaise dans la civilisation. Op. cit.*

uma potencialidade latente no ser feminino. A periculosidade, como marca virtual da condição subjetiva da mulher, poderia explodir a qualquer momento sob a forma de violência e de erotismo, pela forma da atuação e pela passagem ao ato, ameaçando sempre o tecido constitutivo dos laços sociais.

Contudo, a figura da mulher poderia encontrar, na maternidade, uma barragem e um anteparo seguros a essa periculosidade virtual, que a possui como um todo. Como vimos, na busca insaciável do pênis/falo, a condição materna daria uma espécie de segurança e de referência à mulher, já que seria a condição de possibilidade para a posse do pênis/falo e de acesso à plenitude fálica. A figura da mulher poderia contribuir efetivamente para o mundo da civilização por intermédio da condição de mãe, a qual barraria sua propensão à periculosidade e à destruição dos laços sociais. A reconciliação da mulher com sua condição de origem passaria, pois, necessariamente pela maternidade, já que pela mediação desta a **completude** por fim lhe seria possível.

O discurso de Freud articula teoricamente o paradigma da diferença sexual do século XIX — pelo qual a maternidade seria a finalidade natural da mulher — à sua concepção libidinal do sujeito e a sua leitura do complexo de Édipo na mulher. É o que se verá em seguida.

IV. DESTINOS DO FEMININO

A figura da mulher enquanto mãe ocuparia então uma posição estratégica no interior do discurso freudiano, pelas razões já indicadas. É preciso, no entanto, demonstrar ainda mais isso no nível dos detalhes, isto é, dos pressupostos teóricos desse discurso. Estes pressupostos se localizam na concepção de sexualidade centrada sempre na referência ao **falo**. Trata-se, pois, de uma leitura libidinal do ser da mulher que a conduziria à maternidade como modalidade maior de harmonia para com o seu ser. Contudo, a construção freudiana se funda no paradigma da diferença sexual construído no século XIX, e deste se apossou o discurso freudiano para realizar uma leitura libidinal dos **destinos do feminino**. Vale dizer, a interpretação freudiana dos destinos da mulher se funda nos valores instituídos no século XIX, isto é, estes pré-conceitos é que estão na base dos conceitos propostos por Freud.

Assim, nos seus ensaios sobre a subjetividade feminina, o discurso freudiano enunciou que a mulher poderia, após a constatação de sua condição castrada, tomar diferentes direções psíquicas, ocupando posições diversas e delineando vários cenários possíveis nos seus processos identificantes. Os fantasmas femininos seriam então diferentes nessas várias cenas. Contudo, o ponto de partida desses diferentes percursos possíveis para a figura da mulher e seus processos de subjetivação seria sempre o horror da constatação e o reconhecimento trágicos de sua condição castrada.

Retomemos aqui a formulação fundamental do discurso freudiano, de que num **tempo anterior** ao da terrível constatação da castração a menina teria a crença psíquica de que possuía o pênis/falo. Vamos realizar posteriormente, ainda neste ensaio, o desenvolvimento específico desse tópico polêmico, pois sua discussão implica outras considerações e desdobramentos. Contudo, como ponto de partida de momento para a leitura dos destinos subjetivos da mulher, basta evocar que o discurso freudiano enfatizou a pressuposição da crença feminina de que seria possuidora do pênis/falo num tempo anterior ao da descoberta da castração e que seria na oposição entre os dois tempos, isto é, o anterior e o posterior, que a leitura freudiana daqueles destinos se sustentou.

Assim, diante da constatação da castração, a figura feminina poderia realizar diferentes percursos: a **inibição sexual**, a **virilização** e a **maternidade**.[178] Estes percursos corresponderiam a diferentes posições subjetivas em face do terror provocado pela castração. Pela inibição sexual o sujeito feminino abriria mão da experiência erógena, entrando num estado permanente de suspensão psíquica. A erogeneidade desapareceria da existência do sujeito feminino. Em contrapartida, pela virilização o sujeito recusa o reconhecimento da castração e passa a funcionar como se o tal reconhecimento não tivesse ocorrido. "Eu sei que sou castrada, mas, ainda assim, é como se não fosse", diriam, tais mulheres, parafraseando Mannoni.[179] Nesse contexto, o sujeito assumiria uma identificação fálica e agiria como se ainda fosse portador do falo. Daí a ideia de virilização. Finalmente, pela maternidade o sujeito feminino reconheceria de fato sua castração, isto é, sua condição de falta, e buscaria o preenchimento de sua incompletude pela mediação da criança/falo.

---

[178]A esse respeito, ver: Freud, S. "Quelques conséquences psychiques de la différence anatomique entre les sexes". *In*: Freud, S. *La Vie sexuelle. Op. cit.*; Freud, S. "La Sexualité féminine". *Idem*; Freud, S. "La Féminité". In: Freud, S. *Nouvelles Conférences sur la psychanalyse. Op. cit.*

[179]Mannoni, O. "Je sais bien, mais quand même". *In*: Mannoni, O. *Clefs pour l'imaginaire*. Paris, Seuil, 1969.

Pode-se depreender desses enunciados freudianos diversas dimensões, que não conflitam e que não se anulam. Essas dimensões seriam, em verdade, complementares. Antes de mais nada, existiria uma ruptura com o **determinismo** natural presente nas concepções neuropatológicas sobre as quais se construiu a psicanálise e uma abertura para a história da subjetividade, para uma série de possibilidades diversas a partir de um mesmo acontecimento estrutural. Vale dizer, a constatação estrutural pela figura da mulher do horror da castração poderia ser a condição concreta de possibilidade para diferentes desdobramentos e conjunturas psíquicas. Não existiria, então, uma resposta unívoca e circunscrita, mas diferentes maneiras da subjetividade se articular diante disso, isto é, um variado leque de possibilidades.

Estaríamos aqui, portanto, diante da **causalidade histórica** e não da **causalidade natural** de um acontecimento, na qual o **indeterminismo** substitui o **determinismo** na leitura da subjetividade. O acontecimento pode ter, pois, um desdobramento plurívoco, não se reduzindo a uma dimensão estrita de univocidade. Enfim, diferentes cenários imaginários e diversas conjunturas poderiam se ordenar a partir do horror da castração.

Pode-se reconhecer ainda a presença latente da mesma modalidade indeterminista de causalidade na leitura do caso da jovem mulher homossexual, na qual nos diz Freud que, a partir da constelação libidinal desta jovem, poder-se-ia ter de fato diversos desdobramentos possíveis e não apenas o que concretamente se apresentou do ponto de vista clínico. Vale dizer, a jovem em questão poderia se organizar psiquicamente tanto no registro da neurose e da psicose quanto no da normalidade e da perversão.[180] A dimensão econômica do conflito psíquico é que delinearia o destino daquela e não a própria força constrangedora do acontecimento.

O indeterminismo, enquanto forma de pensar a categoria de causalidade no discurso freudiano, conjugou-se pois com o **historicismo**. Pode-se depreender ainda como o discurso freudiano distanciou-se radicalmente de sua concepção inicial e ingênua do realismo traumático.

Não obstante, não resta dúvida de que, para o discurso freudiano, a melhor solução viria pela assunção, pela figura da mulher, da maternidade. Com efeito, enquanto a inibição e a virilização estariam no polo da anormalidade e da patologia, a maternidade representaria efetivamente o polo da normalidade. Ser mãe, portanto, seria a modalidade de subjetivação esperada da figura da mulher na sua organização psíquica, a maneira dela de se harmonizar finalmente consigo mesma e encontrar devidamente seu lugar no mundo e no próprio corpo. Vale dizer, diante da experiência de horror provocada pela constatação da castração e da ausência do falo em seu corpo, a assunção da maternidade seria o caminho por excelência para a instauração do falo, representado pela figura da criança. Enfim, a solução para o conflito feminino e o impasse da castração seria sempre, no discurso freudiano, a restauração da plenitude fálica, por intermédio de algum objeto.

Essa solução teórica foi engendrada anteriormente no discurso freudiano, na leitura da problemática dos objetos parciais.

---

[180]Freud, S. "Sur la psychogenèse d'un cas d'homosexualité féminine" (1919). *In*: Freud, S. *Névrose, psychose et perversion. Op. cit.*

Com efeito, na concepção que desenvolvera poucos anos antes sobre o estatuto do **objeto parcial**, o discurso freudiano indicou como este seria sempre um obturador da falta, mediante o qual o sujeito atingiria então a plenitude do seu ser e perderia a posição de faltante. Além disso, o objeto parcial seria desejado justamente porque prometeria o preenchimento da **falta**. Existiria, então, a equivalência simbólica e desejante entre os diversos objetos parciais — o seio, as fezes, o pênis e a criança —, na medida em que todos esses objetos da volúpia seriam equivalentes ao falo, preenchedores, portanto, da falta e restauradores da plenitude.[181]

Assim, apesar da diversidade das posições libidinais implicadas para o sujeito e da diferença inerente que os marcaria, esses objetos seriam sempre equivalentes, tanto do ponto de vista simbólico quanto desejante. Seria esta a razão pela qual todos seriam **objetos do desejo**, fontes que seriam do desejo humano para o discurso freudiano. O desejo, aqui, é concebido como aquilo que busca preencher uma falta e que implicaria, de algum modo, a evocação da experiência da castração. O círculo se fecha então na preeminência atribuída ao falo na experiência psíquica, seja esta do sujeito masculino ou do feminino. O falo seria, enfim, pregnante e absoluto no funcionamento desejante do sujeito.

Nessa perspectiva, quem se representa como **possuidor** do falo se enalteceria enquanto tal e quem se concebe como não possuidor se diminuiria no seu valor. Na equivalência então estabelecida entre o falo e o pênis, a figura do homem se imagi-

---

[181]Freud, S. "Sur les transpositions de pulsions plus particulièrement dans l'érotisme anal" (1917). *In*: Freud, S. *La Vie sexuelle. Op. cit.*

naria como possuidor do falo e a da mulher, como dele carente e faltante. Por isso mesmo, a figura da mulher seria marcada pela inveja, que seria sempre inveja do pênis/falo, em última instância. Pode-se reconhecer, então, como o círculo se fecha novamente em torno das figuras do falo/pênis e da inveja, de maneira que a relação entre os sexos seria sempre regulada pela dialética do **ser** e do **ter**, isto é, entre ser e não ser o falo ou, então, entre ter e não ter o falo.[182]

Quais as consequências que se podem extrair de todo esse desenvolvimento? Pelo que se disse até agora, pode-se muito bem depreender como o falo representa a **figura da perfeição**. Ou, então, que é a maneira pela qual o sujeito poderia **atingir** a perfeição, na medida em que mediante o falo a **plenitude** e a **completude** subjetivas poderiam ser atingidas. A perfeição seria então algo da ordem do ser pleno e completo — que se contraporia, pois, à condição de falta — que se conseguiria sempre pela mediação do falo. Nessa concepção, enfim, o ideal do sujeito passaria necessariamente pela perfeição, sendo o falo sua condição concreta de possibilidade.

Pela mediação do falo o discurso freudiano retoma decididamente e de seu modo a concepção da Antiguidade, segundo a qual existiria uma hierarquia entre os sexos, na qual o polo masculino representaria a perfeição e o feminino, a imperfeição. Como na concepção antiga, o polo feminino da imperfeição poderia se alçar ao da perfeição, tanto pela condição de ser quanto de ter o falo. Com isso, a figura da mulher poderia,

---

[182]Freud, S. "Psychologie des foules et analyse du moi". *In*: Freud, S. *Essais de psychanalyse. Op. cit.*

por via da maternidade, atingir a perfeição pela condição de ter o falo pela mediação da figura da criança. Vale dizer, seria paradoxalmente pela sua condição limite, ocasionada por sua diferença ontológica de sexo, que a figura da mulher poderia atingir afinal o pináculo da perfeição, pela possibilidade de ser mãe.

Ou então, numa situação mais bastarda e menos nobre, a figura da mulher poderia **fazer de conta** que seria o falo. A **sedução** seria a maneira pela qual a mulher faria crer ao homem que seria o falo. Com efeito, a problemática da **máscara** da mulher, introduzida no discurso psicanalítico com J. Rivière no final dos anos 20[183] e sistematizada posteriormente por Lacan,[184] explorou esta dimensão outra da figura da mulher, de querer ser perfeita pela via do **parecer** e do faz de conta. Essa possibilidade de leitura da sedução feminina já tinha sido esboçada, no entanto, pelo discurso freudiano em "Para introduzir o narcisismo", no capítulo que trata justamente da subjetividade da mulher.[185]

De qualquer maneira, pode-se depreender dessa construção freudiana como — pelas vias de ter ou de ser o falo — a figura da

---

[183]Rivière, J. "La Féminité en tant que mascarade" (1929). *In*: Hamon, M.C. (coord.). *Féminité Mascarade*. Paris, Seuil, 1994.

[184]A esse respeito, ver: Lacan, J. "La Signification de phallus". *In*: Lacan, J. *Écrits*. Paris, Seuil, 1966; Lacan, J. "Propos directifs pour un congrès sur la sexualité féminine". *Idem*, Lacan, J. *Encore. Le Séminaire. Livre XX*, Paris, Seuil, 1975; André, S. *Que veut une femme?* Paris, Navarin, 1986; Hamon, M.C. *Pourquoi les femmes aiment-elles les hommes?* Paris, Seuil, 1992. Aulagnier, P., Clavreul, J. Perrier, F., Rosolato, G. Valabrega, J.P. *Le désir et la perversion*. Paris, Seuil, 1981. Grandff, W., Perrier, F. *Le désir et le féminim*. Paris, Aubier, 1991.

[185]Freud, S. "Pour introduire le narcissisme" (1914). *In*: Freud, S. *La Vie sexuelle. Op. cit.*

mulher poderia atingir a perfeição, perdendo, pois, sua condição de falta. Pela maternidade a perfeição seria atingida como tal, por ter assim a mulher o falo pela mediação da figura da criança, sendo esta, pois, a solução normal para o discurso freudiano. Em contrapartida, pela sedução a perfeição seria uma máscara, um faz de conta, uma brincadeira, pela qual a completude seria, enfim, conseguida pelo engodo e pelo embuste, na qual a figura da mulher enganaria o homem, sendo, pois, uma solução controvertida para o discurso freudiano. Seria, pois, pelo fio da navalha entre ter e ser o falo que passaria a tênue fronteira entre a maternidade e a histeria, entre o normal e o patológico.

Vale dizer, o discurso freudiano retomou paradoxalmente, por via sinuosa, a figura da histeria pelos atributos do engano e do embuste, quando a mulher quer passar pelo que não é, ao fazer de conta que é o que não poderia ser. Isso produziria, no entanto, a experiência da sedução da mulher sobre o homem,[186] já que ambos ansiariam a condição grega da perfeição enquanto tal. Ao mesmo tempo, contudo, a figura da mulher seria uma representante da periculosidade, pelo viés da sedução e do erotismo. Foi essa figura precisamente que o discurso freudiano descreveu como uma ameaça infalível para os laços sociais e a civilização em *Mal-estar na civilização*.[187] Seria dessa matriz que, pela assunção da pretensão fálica, a figura da mulher poderia ser finalmente convertida nas figuras concretas da periculosidade do século XIX, isto é, a prostituta, a ninfomaníaca e a infanticida.

---

[186]A esse respeito, ver: Lacan, J. *Encore. Op. cit.*; Lacan, J. "Propos directifs pour un Congrès sur la sexualité féminine". *In*: Lacan, J. *Écrits. Op. cit.*
[187]Freud, S. *Malaise dans la civilisation. Op. cit.*

Em contrapartida, enquanto mãe a figura da mulher seria construtora da civilização, forjando esta pela tessitura dos costumes. Esta figura foi também desenvolvida pelo discurso freudiano em "A moral sexual civilizada e a doença 'nervosa' dos tempos modernos", como já dissemos.[188] Nessa posição a mulher seria, então, constituinte do trabalho civilizatório e colaboradora do homem. Porém, isso lhe custaria, infelizmente, o erotismo e sua potencialidade sexual. Essa perda estaria, contudo, no fundamento do nervosismo da mulher na modernidade, a fonte inesgotável da histeria desta, o malefício que a civilização produziria de fato nas mulheres.[189]

V. PARADOXO FEMININO

Pode-se entrever aqui a condição de **paradoxo** em que o discurso freudiano colocou efetivamente a figura da mulher, já que, como inscrita pela maternidade no discurso do biopoder, esta ficaria destinada à histeria e às doenças nervosas, enquanto como crítica contundente do biopoder ficaria reduzida ao registro da periculosidade anticivilizatória. Portanto, "se correr o bicho pega, se ficar o bicho come" — parafraseando o título da peça de teatro de Ferreira Gullar e Dias Gomes —, foi este o paradoxo em que o discurso freudiano colocou a condição feminina.

---

[188]Freud, S. "La Morale sexuelle 'civilisée' et la maladie nerveuse des temps modernes". In: Freud, S. *La Vie sexuelle. Op. cit.*
[189]*Ibidem.*

Como sair dessa condição de paradoxo, afinal de contas? Existe alguma solução para isso?

Alguns discípulos contemporâneos de Freud procuraram uma saída para esse impasse. Este foi o caso de H. Deutsch. Em uma de suas obras, realizada no mesmo contexto em que Freud formulou seus ensaios sobre a feminilidade, ela enunciou que a maternidade seria a via pela qual a figura da mulher poderia ao mesmo tempo se constituir nas dimensões erótica e sublimatória, sendo pela figura da criança que aquela poderia ter acesso às delícias do desejo e da sublimação. Isso implicaria, sempre para Deutsch, a perda da atividade e da possessão da passividade pulsional, pela assunção definitiva da posição masoquista pela mulher. Vale dizer, para Deutsch, a sublimação feminina passaria necessariamente pela mediação da criança como condição de possibilidade para a criação feminina. Porém, isso se faria sempre pelo viés da posição masoquista, valorizada, aliás, por Deutsch, na sua leitura do gozo feminino.[190]

Contudo, nessa interpretação Deutsch reenvia a figura da mulher para o polo do masoquismo, no qual esta fora alocada na tradição ética do cristianismo e na sexologia, seja por um desígnio moral na primeira, seja por uma tendência intrínseca da diferença do sexo na segunda vertente. Portanto, a figura da mulher foi redesenhada por Deutsch no mesmo lugar que sempre ocupou na tradição ocidental, não existindo, pois, nenhuma solução efetiva para o paradoxo agudo entre erotismo e

---

[190]A esse respeito, ver: Deutsch, H. *Psychanalyse des fonctions sexuelles de la femme*. Paris, Presses Universitaires de France, 1994; Deutsch, H. *La Psychologie des femmes*. Volumes I e II. Paris, Presses Universitaires de France, 1949.

maternidade em que o discurso freudiano delineou a condição feminina nessa teorização.

Existiria, pois, alguma outra solução para este paradoxo no discurso psicanalítico afinal de contas?

Antes de procurar responder a isso de maneira frontal, cabe indicar como essa mesma problemática e paradoxo se encontram ainda presentes em outros registros da concepção freudiana do feminino e da diferença sexual. Para demonstrar isso, me deslocarei agora para o fundamento freudiano tanto da sexualidade feminina quanto da sexualidade infantil, para indicar a conjugação da teoria da diferença sexual com a do sexo único no discurso freudiano.

VI. MASCULINIDADE E ORIGINÁRIO

A teoria freudiana da sexualidade fundou-se inicialmente no pressuposto de que primordialmente estaria sempre a masculinidade, tanto para o menino quanto para a menina. A feminilidade seria então adquirida depois pela mulher, com a perda justamente dessa **masculinidade originária**. Nesses termos, não se nasceria jamais mulher, mas essa condição seria sempre uma construção segunda, advinda de uma transformação da masculinidade primordial. **Tornar-se mulher**, portanto, seria este o percurso a ser realizado pela menina. Enfim, seria este o aforismo crucial que definiria o percurso existencial de toda e qualquer menina, na sua epopeia trágica de se transformar finalmente em mulher.

Isso implica enunciar diversas teses, diferentes e complementares ao mesmo tempo. Antes de mais nada, a masculinidade estaria na **origem**, sendo a feminilidade sempre uma **derivação** e **ramificação** de uma masculinidade originária. O discurso freudiano enuncia aqui, ao seu modo e numa linguagem libidinal como se verá ainda em seguida, a temática bíblica pela qual Eva nasceu da costela de Adão, isto é, o corpo da mulher seria sempre proveniente do corpo masculino. Estamos aqui, portanto, no fundamento da tradição do patriarcado, nos seus menores detalhes.

O que implica reconhecer e atribuir à masculinidade uma espécie de **superioridade ontológica** em relação à feminilidade, já que a segunda seria sempre derivada da primeira e uma subtração daquela. Estaríamos aqui numa concepção **hierárquica** entre os sexos, como na Antiguidade, pela qual o homem teria um estatuto superior em face da mulher.

Além disso, a masculinidade representaria seguramente a perfeição, sendo a feminilidade a figura da imperfeição e da decadência. Isso porque a masculinidade seria o originário, do qual derivaria a feminilidade pela transformação da primeira. Reencontra-se aqui certamente a formulação da Antiguidade, por outro viés, segundo a qual o masculino seria a figuração da perfeição, enquanto o feminino, a da imperfeição.

Todos esses enunciados se fundariam libidinalmente na função atribuída ao falo, como já destaquei. Na figura do falo se condensaria o valor enquanto tal. Seria sempre este o vetor, o catalisador e a materialização da perfeição por diferentes razões. Antes de tudo, porque o falo seria a fonte originária da erogeneidade corpórea. Seria sempre pela mediação do falo, tanto na figura do menino quanto da menina, que o sujeito descobriria o gozo e o prazer corpóreos, entreabrindo-se para o autoerotismo.

Vale dizer, seria por intermédio do falo que o sujeito se constituiria como ser **desejante**, não existindo outra possibilidade para isso.

Em seguida, o falo seria a catalisação da **atividade** enquanto tal. Com efeito, pelo falo o sujeito se constituiria como forma pelo eixo da atividade, dominando um fundo inicial de **passividade**. Dominando, então, a passividade primeira pela mediação da atividade, a subjetividade se produziria enquanto tal, identificando-se, pois, por esse viés, com a condição do ser desejante a que me referi antes. Para poder assumir a condição desejante, enfim, o sujeito precisaria dominar, custe o que custar, a passividade pela atividade.

Como se sabe, o discurso freudiano sempre identificou a masculinidade com a atividade e a feminilidade com a passividade. Desde os seus primórdios, tanto com a teoria da sedução, como já se viu, quanto com a teoria da sexualidade, aquela equação foi permanentemente estabelecida e repetida apesar de todas as suas contradições.[191, 192] No final do seu percurso, no entanto, aquela formulação foi colocada em questão, na medida em que se mostrou finalmente insustentável.[193]

Por isso mesmo, a formulação de que o falo seria o operador que catalisaria a atividade ganharia força neste contexto, já que seria pela mediação do falo que a atividade se sobreporia à passividade, dominando-a afinal. Nesses termos, a atividade

---

[191]A esse respeito, ver: Freud, S. "Étiologie de l'hystérie". *In*: Freud, S. *Névrose, psychose et perversion. Op. cit.*

[192]*Ibidem. Trois essais sur la théorie de la sexualité. Op. cit.*

[193]*Ibidem.* "La Féminité". *In*: Freud, S. *Nouvelles conférences sur la psychanalyse. Op. cit.*

seria falicizada, enquanto a passividade, em contrapartida, desfa-licizada. Enfim, a oposição atividade/passividade permearia a oposição masculino/feminino, já que seria inerente à oposição fálico/castrado.

Contudo, todos esses enunciados se condensariam ainda na teoria freudiana da sexualidade infantil. Esta estaria identificada com a posição de atividade da subjetividade, que se realizaria de maneira autoerótica nos seus primórdios, mediante a qual o sujeito se constituiria como ser desejante. Nesse contexto, a sexualidade se ordenaria sempre pela masturbação infantil e pela realização alucinatória do desejo, mediada pelos fantasmas e pela perversidade-polimorfa infantil. Foi essa a construção teórica original tecida pelo discurso freudiano.

Para formular isso, contudo, Freud atribuiu um órgão fálico originário para a menina, figurado pelos clitóris.[194] Este seria, no corpo feminino, o equivalente do pênis no corpo mascu-lino. O clitóris seria então um "pequeno" pênis, um órgão menor. Pode-se reconhecer já aqui não apenas a equação entre os sexos regulada pela oposição perfeição/imperfeição, mas sua hierarquia valorativa representada pela oposição grande/pequeno. Entretanto, pelo clitóris a menina teria um órgão pelo qual poderia se tornar desejante, pela mediação do auto-erotismo e da realização alucinatória do desejo. Pelo clitóris ainda a menina poderia exercer a atividade, sobrepondo-se então à passividade originária, e colocar efetivamente em ação a perversidade-polimorfa infantil.

---

[194]Freud, S. *Trois essais sur la théorie de la sexualité. Op. cit.*

Contudo, a experiência da castração e seu horror derivariam da constatação, pela figura da menina, de que o clitóris não passaria de um "pequeno" pênis e de que ela seria efetivamente castrada, afinal de contas. O percurso constitutivo da sexualidade feminina se ordenaria a partir dessa experiência fundadora, dessa viragem crucial na sua história libidinal. As diferentes possibilidades entreabertas para a figura da mulher por Freud, que indiquei antes, se constituiriam nesse contexto infantil, isto é, a inibição sexual, a virilização e a maternidade. Porém, tudo isso dependeria do deslocamento do órgão feminino do prazer do clitóris para o da vagina.

Com efeito, para tornar-se mulher a menina precisaria se deslocar decididamente do prazer clitoridiano para o vaginal no seu percurso edipiano. Porém, na inibição sexual a menina suspenderia qualquer erotismo pela impossibilidade de se deslocar do clitóris para a vagina como órgão de gozo, enquanto finalmente na virilização ela se aferraria ao gozo clitoridiano.

Pelo gozo vaginal a figura da mulher se deslocaria do polo da atividade para o da passividade, enquanto pela virilização manteria ainda a posição ativa. Nesse deslocamento se imporia, pois, uma **perda,** que se processaria no registro libidinal, no qual o corpo da menina se transformaria na sua natureza, pela mudança efetiva do seu órgão de gozo. Com isso a maternidade, como destino eletivo do gozo feminino, seria sempre adquirida pela subtração do gozo clitoridiano.

Como nos ensinou Laqueur, no entanto, o gozo vaginal foi uma invenção do discurso freudiano.[195] Nenhum autor, até Freud, havia formulado ainda que a vagina seria o *locus* do gozo

---

[195]Laqueur, T. *La Fabrique du sexe. Op. cit.*

feminino. Nem de forma direta, nem indireta, diga-se de passagem. Com efeito, sempre se acreditou, desde que Columbus descobriu a existência do clitóris, no Renascimento, que este era o órgão pelo qual as mulheres gozavam.[196] Isso porque, por razões anatômicas e fisiológicas descobertas posteriormente, o clitóris seria a região não apenas mais rica em terminações nervosas como também mais vascularizada e, portanto, mais sensível da genitália e do corpo feminino. Depois de Freud, os sexólogos continuaram a afirmar isso, como Masters e Johnson.[197]

Suponho então que a invenção do gozo vaginal pelo discurso freudiano implicou a concepção de que a figura da mulher se identificaria com a da mãe. Daí por que enunciou que, para que a menina pudesse se tornar mulher, necessário seria a perda e a subtração de sua condição masculina originária, pela assunção da condição de mãe e pela transformação de sua condição desejante, deslocando-se decididamente do gozo clitoridiano para o vaginal, isto é, da posição masculina para a feminina. Com isso, a figura da menina perderia o gozo fálico no registro do clitóris, para recuperar um equivalente fálico deste pela figura da criança, isto é, pela assunção definitiva da maternidade.

Pode-se depreender daí, portanto, que a teoria freudiana da diferença sexual e da sexualidade feminina chega finalmente a um impasse e a um paradoxo, como indiquei acima, pois não consegue sair da circularidade do registro fálico. O **monismo fálico** estaria, pois, sempre presente. Nessa concepção, a sexualidade

---

[196]*Ibidem.*
[197]Masters, W. M., Johnson, V. E. *Les Mésententes sexuelles*. Paris, Robert Laffont, 1971.

feminina deveria se desdobrar inequivocamente na maternidade, afinal de contas. Os pressupostos do biopoder se reencontrariam então aqui, por outro viés e por outra lógica teórica, fundada agora na teoria da libido.

Não seria então por isso mesmo que o discurso freudiano pôde enunciar que no mundo civilizado, isto é, na modernidade, a sexualidade humana tenderia progressivamente para o homossexualismo?[198] Isso porque toda a construção teórica desenvolvida se fundou na figura do falo e do monismo sexual, materializando-se sempre pelo gozo fálico.

Este é o paradoxo que nos foi legado pelo discurso freudiano na sua leitura da sexualidade feminina, na qual a interpretação desta conflui para a maternidade e se funda no monismo sexual centrado na figura do falo. É preciso se perguntar aqui e agora, no entanto, se o discurso freudiano nos transmitiu ainda outra leitura do erotismo, que nos possibilite sair finalmente desse impasse e desse paradoxo. É o que veremos agora, no capítulo final, na alusão ao conceito de **feminilidade** enunciado no final daquele discurso.

---

[198]Freud, S. "Pour introduire le narcissisme". *In*: Freud, S. *La Vie sexuelle. Op. cit.*

CAPÍTULO VIII

Um lance de dados?

No final do seu percurso, o discurso freudiano enunciou o conceito de **feminilidade**, em "Análise com fim e análise sem fim",[199] de 1937. O conceito foi formulado de forma negativa, é verdade, na medida em que a feminilidade seria a fronteira do denominado "rochedo da castração", mas ela também revelaria o originário do psiquismo, algo anterior à ordenação da subjetividade fundada no falo, como já se indicou acima. Contudo, mesmo que o discurso freudiano tenha considerado a feminilidade como o limite do psiquismo e inscrito na fronteira com a ordem biológica, tendo, além disso, um estatuto de negatividade, suponho que seja possível encontrar naquela um outro fio interpretativo possível da concepção de sexualidade presente no discurso freudiano. Dessa maneira, a feminilidade nos permitiria uma outra leitura sobre o estatuto do feminino em psicanálise.

Diria mesmo que a totalidade desse discurso conflui para a problemática da feminilidade desde a viragem dos anos 1920, como se indicará ainda em seguida. O que se proporá aqui,

---

[199]Freud, S. "L'Analyse avec fin et l'analyse sans fin" (1937). *In*: Freud, S. *Résultats, Idées, Problèmes*. Tome II. Paris, Presses Universitaires de France, 1992, p. 269.

então, é uma **positivação** para a ideia de feminilidade em psicanálise, que poderia ser o ponto de partida de uma outra leitura da condição do feminino no discurso freudiano. Além disso, é o esboço de outra interpretação da sexualidade nesse discurso.

Porém, antes de formular aqui todos esses desdobramentos, é preciso circunscrever a ideia de feminilidade tal como foi construída no discurso psicanalítico, isto é, em que trama de oposições esta foi inserida e em que articulações foi finalmente concebida.

O que é a feminilidade, então, afinal de contas?

I. UMA OUTRA ORIGEM?

Quando o discurso freudiano formulou o conceito de feminilidade, foi enunciado que este não se identificaria com a sexualidade feminina no seu sentido estrito. Nem com a masculina, bem entendido. Menos ainda, é óbvio. Não obstante essas diferenciações iniciais, a feminilidade foi concebida como presente no fundo de ambas as modalidades de ordenação sexual, numa posição de latência **contra** a qual as sexualidades masculina e feminina se organizariam.

O que tudo isso significa, então?

Como indiquei e insisti bastante no capítulo anterior, a sexualidade fora concebida por Freud, até então, como construída pelo operador fálico. Seria, pois, o falo a condição de possibilidade da estruturação do erotismo, o seu catalisador. Vale dizer, tanto a sexualidade masculina quanto a feminina se ancorariam igualmente no falo. Na dialética do ser e do ter, o falo foi concebido tanto no erotismo do homem quanto no da mulher. O discurso freudiano chegou até mesmo a supor a pregnância do homossexualismo e o apagamento da diferença sexual na modernidade, em função mesmo da colocação do falo como referencial e paradigma nos sexos masculino e feminino. Para irmos diretamente ao ponto fundamental, é preciso evocar que a própria sexualidade infantil foi também concebida como fundada no falo, que, como mediação necessária da perversidade-polimorfa e do autoerotismo, seria a condição de possibilidade da experiência alucinatória do desejo. O erotismo como atividade, contrapondo-se então à passividade, se identificaria com o próprio desejo e se fundaria na figura do falo.

Foi em oposição a toda essa construção conceitual que a feminilidade foi concebida. Com efeito, o discurso freudiano enunciou que esta indicaria a existência de outro registro psíquico, que se contraporia ao anterior, centrado no falo. Vale dizer, no registro da feminilidade não existiria o falo para o sujeito, seja como referente ou até mesmo como referência. Esse território psíquico não seria nem regulado nem fundado na figura do falo. Este seria então, na feminilidade, uma ausência, um faltante.

Por isso mesmo, tanto os homens quanto as mulheres teriam **horror** à experiência da feminilidade, justamente pela ausência do falo. Como consequência disso, existiria uma forma de **recusa** desta pelo **terror** que provocaria na subjetividade, que se organizaria pela oposição sistemática contra aquela. A ordenação das sexualidades masculina e feminina, portanto, se faria pela inscrição do falo no psiquismo, sob a forma do ser e do ter, com todas as consequências já comentadas. O monismo sexual centrado no falo, enfim, se faria contra a feminilidade e como recusa a esta, se enunciando sob a forma das sexualidades masculina e feminina.

Ao formular isso, contudo, o discurso freudiano também enunciou que a feminilidade estaria na origem do psiquismo. Esta seria agora o **originário** e não mais o psiquismo centrado no falo. Encontra-se aqui justamente a novidade teórica, introduzida apenas agora pelo discurso freudiano. Com efeito, se como se sublinhou antes a masculinidade era a origem nos primórdios da psicanálise — pela introdução inicial do falo no psiquismo —, agora, a origem se deslocaria para a posição estratégica da feminilidade, justamente pela ausência do referencial fálico.

Pode-se depreender imediatamente uma inversão significativa do modelo ocidental, que desde a Antiguidade colocava o registro do masculino como originário, tanto na tradição do paganismo grego quanto do cristianismo. A novidade dessa suposição freudiana estaria justamente aqui, já que com a inscrição da feminilidade como origem o masculino não estaria mais na posição de originário. Ao contrário, a ordem fálica seria uma recusa e até mesmo uma oposição ao registro originário da feminilidade. Toda a tradição do Ocidente seria assim levada de roldão com essa formulação ousada, pois agora a feminilidade estaria na origem e a ordem fálica estaria na derivação e no ocultamento do registro psíquico anterior. A feminilidade como desordem seria assim silenciada e transformada em continente negro pela instauração da ordem fálica no psiquismo.

O que se pode então ressaltar é que a imperfeição estaria na origem da subjetividade, sendo a pretensão humana à perfeição pela mediação do falo uma recusa e até mesmo o reconhecimento velado da imperfeição do homem. Assim, toda a tradição do Ocidente seria contestada, justamente porque nesta a perfeição foi sempre concebida como marca inconfundível do humano. O cristianismo viu nisso um traço de nossa ascendência divina, enquanto na Antiguidade grega isso revelaria tanto a harmonia do **Cosmos** quanto a revelação do **logos** que nos regularia. Contudo, com a imperfeição inscrita como originário — representada pela ideia de feminilidade —, seria a finitude e a mortalidade humanas que estariam sendo enunciadas agora com toda a eloquência possível.

A ordem humana seria, portanto, imperfeita como origem, pretendendo recusar sua imperfeição pela recusa da feminilidade. Além disso, reconhecer a imperfeição e a feminilidade como origem seria, em contrapartida, afastar definitivamente nossa fundação em Deus e no Cosmos, que estaria representada na inscrição anterior da masculinidade como o originário.

Com efeito, a ordem do masculino, fundada no falo e colocada como origem, seria a marca da pretensão humana à perfeição e à completude, atributos esses que seriam da figura da divindade. Isso estaria nas origens de nossa tradição patriarcal, que com os gregos criaram a **pólis** pela discriminação entre os espaços privados da família e do público, não tendo, pois, acesso das mulheres ao espaço público, identificado inteiramente com a **política**. Além disso, constituiu-se uma tradição religiosa na qual o Olimpo seria legislado pelos deuses, com a exclusão e a minimização das deusas.[200] Enfim, enquanto emanação direta dos deuses e centrada na cidadania da pólis, a ordem humana

---

[200]Badinter, E. *L'Une est l'autre*. 2ª parte. *Op. cit.*

identificada com o patriarcado seria sempre masculina e perfeita, tendo na figura do homem a representação da perfeição e, na da mulher, a da imperfeição.

O discurso freudiano nos sugere agora, de maneira sempre tímida, indireta e enviesada, é claro, outra leitura da condição humana, na qual esta seria originariamente imperfeita, já que finita e abandonada pela magnificência dos deuses. No mundo desencantado da modernidade e permeado pela morte de Deus, a condição humana se reconheceria finalmente pela imperfeição e pela finitude. Por essas marcas fundamentais é que o feminino agora estaria na origem do mundo, isto é, no território fundante de nossa subjetividade.

Seriam, assim, o orgulho e a vaidade humanas que procurariam camuflar nossas origens inglória e bastarda, buscando recobrir e ocultar a imperfeição originária do sujeito pela perfeição e pela completude. O narcisismo humano seria, então, a marca maior dessa nossa pretensão ao absoluto e à perfeição. Pela mediação deste acreditamos ser então deuses terrenos, sustentados que seríamos nessa pretensão pelos emblemas fálicos.

Contudo, mesmo que o discurso freudiano tenha concebido inicialmente o percurso da subjetividade por uma ruptura com o narcisismo primário que se transformaria no narcisismo secundário,[201] pela transformação do eu ideal em o ideal do eu,[202] pela incidência radical da angústia da castração,[203] o falo permaneceu como uma invariante nesse discurso, como signo

---

[201]Freud, S. "Pour introduire le narcissisme". *In*: Freud, S. *La Vie sexuelle. Op. cit.*
[202]*Ibidem.*
[203]*Ibidem.* "L'Organisation génitale infantile" (1923).

eloquente da perfeição e representação maior do masculino. A feminilidade seria então recusada como fonte de horror, como representação da imperfeição.

Agora, contudo, a feminilidade, com todos os seus farrapos e andrajos, seria também nossa origem e não apenas nosso **destino**, como efeito maior que seria da experiência da castração. Isso porque estava sempre presente, tanto na intuição clínica quanto no que se esperava como resultante da experiência analítica, que o sujeito se tornasse feminino, isto é, este perderia definitivamente a marca da onipotência e da arrogância. Era justamente isso que se esperava dos efeitos psicanalíticos da experiência da castração. Contudo, aquela só poderia ser destino porque seria, antes de mais nada, origem. Vale dizer, se não fosse nossa marca originária, a feminilidade não poderia ser absolutamente o ponto de chegada do nosso destino, por uma questão de ordem lógica.

Portanto, as construções fálicas que alimentariam e ordenariam o imaginário narcísico do sujeito seriam formas sistemáticas de evitação deste sujeito para o reconhecimento de sua finitude e imperfeição, modalidades, pois, de recusa de sua condição mortal. A sexualidade humana, agora concebida no último momento do discurso freudiano, passaria pelo reconhecimento da feminilidade originária, que relativizaria então toda e qualquer pretensão fálica de perfeição, fomentada, aliás, por ambos os sexos no seu imaginário.

Estaria proposto, então, com o enunciado do registro da feminilidade, outra origem e outro reconhecimento de nossa condição de finitude e imperfeição. Seria, pois, nossa mortalidade e finitude que estaria sendo enunciada em prosa e verso, de maneira eloquente, para não termos a pretensão de sermos deuses.

É nisso tudo que reside a grandeza maior e o impacto do enunciado do conceito de feminilidade no discurso freudiano, pelo qual se sublinha não apenas uma ruptura significativa, como também uma crítica radical da tradição do patriarcado. Não obstante o fato de ter sido este conceito enunciado de maneira indireta, oblíqua e negativa, a feminilidade nos permite ler nas entrelinhas outro ponto de partida para a leitura do sujeito em psicanálise. Uma crítica da sexualidade, interpretada como fundada no falo, enuncia-se aqui. Seria preciso dar a tudo isso uma positividade, contudo, que o discurso freudiano de fato não enunciou. É preciso, portanto, retirar radicalmente todas as consequências disso. Enfim, seria preciso agora tecer uma releitura do discurso freudiano, considerando o enunciado do conceito de feminilidade como originário e fundamento do sujeito.

II. HISTERIA E FINITUDE

Poder-se-ia indagar agora, indo direto ao ponto crucial da problemática: não seria justamente isso que estaria no fundamento da leitura inovadora do discurso freudiano sobre a histeria? Mesmo se considerarmos cuidadosamente o jogo retórico dos conceitos psicanalíticos, centrados todos na figura do falo e no eixo do masculino identificado com a perfeição, o que a interpretação freudiana da histeria revelou foi a existência fragmentária e despedaçada do corpo e do psiquismo. A subjetividade seria então constituída por parcelas e por um amontoado de fragmentos, tecida pela conjugação mal-ajambrada desses pedaços numa totalidade que deixa muito a desejar. Foi então este caos originário que o discurso freudiano descobriu como murmúrio no fundo da experiência da histeria, nos gritos lancinantes enunciados pela fala desta. Enfim, pedaços e buracos, nos registros psíquico e corporal, nada mais do que isso, como signos eloquentes de nossa condição de finitude e imperfeição.

É preciso sublinhar de maneira enfática que a psicanálise inevitavelmente teria de ser construída a partir do campo histórico da experiência das mulheres, já que no corpo e na subjetividade delas foi lançado na tradição ocidental todo o rebotalho da imperfeição e da finitude humanas. Não seria nelas que a materialidade impura do corpo, no que este revela de horror e que quase sempre nos provoca terror, se revelaria na sua rudeza e rugosidade eloquentes? Com efeito, a menstruação periódica seria o traço mais expressivo disso, enquanto signo maior presente no imaginário das figuras da morte e da putrefação corpóreas. Além disso, a gestação e o nascimento também revelariam nossas origens muito pouco nobres, nascidos que seríamos do ventre materno e não da cabeça sagrada de Zeus.

Nesses termos, a reversão dos signos da perfeição humana em direção à da imperfeição teria de vir necessariamente da condição feminina, da corporeidade impura das figuras da mulher e da histeria. Estas indicavam nossa corporeidade em estado bruto, signo de nossa imperfeição e finitude. Indicavam ainda nossa marca de mortalidade, exatamente pelo viés direto da corporeidade. Com efeito, as convulsões histéricas indicariam nossa incapacidade de controle direto e firme do corpo pelo psiquismo e pelo entendimento, representando, pois, o poder relativo de nossa vontade. Seria, portanto, a apresentação convulsionária da histeria e os impasses cruciais em que esta revelava sobre o ser do pensamento e da vontade, na brutalidade de sua dimensão corporal, que evidenciaria o humano na sua imperfeição e despedaçamento originários. A convulsão seria então o signo anunciador da perda de nossa pretensão à perfeição e ao nosso domínio absoluto sobre o corpo. Para parodiar Gabriel García Márquez,[204] o espetáculo convulsionário da histeria seria o signo da morte anunciada da arrogância e da pretensão humanas, representadas pela perfeição fálica da masculinidade. A convulsão seria, enfim, uma marca daquilo que no final de seu percurso Freud denominou feminilidade.

Além disso, a presença da **conversão**, como signo maior da histeria no discurso freudiano, sublinharia ainda mais sua dimensão corporal. O transbordamento para o corpo do conflito psíquico — a impossibilidade de o sujeito manter o conflito apenas no registro mental do pensamento — indicaria os limites do entendimento e, como decorrência disso, a conversão corpórea daquele. A finitude e a imperfeição humanas se revelariam aqui novamente, por outro viés, pela pregnância assumida pelo corpo no sujeito em contrapartida aos limites da razão e do entendimento.

Dessa maneira, não é certamente um acaso que o discurso freudiano tenha se construído primordialmente em torno de uma indagação sobre o ser da histeria e dos impasses apresentados

---

[204]García Márquez, G. *Crônica de uma morte anunciada*. Rio de Janeiro, Record, 1986.

GRAMÁTICAS DO EROTISMO

pelo gozo feminino, e que tenha se desdobrado no final de seu percurso na problemática da feminilidade. Queremos dizer com isso, enfaticamente, que o feminino enquanto tal seria a problemática por excelência daquele discurso, que teve de reconhecer, no final de seu desenvolvimento, a feminilidade como origem da sexualidade, após um longo e tortuoso percurso, no qual os impasses e os paradoxos se multiplicaram cada vez mais, quando o discurso freudiano quis continuar a insistir no masculino como originário, como, aliás, se enunciou desde a Antiguidade grega na tradição do Ocidente.

Nessa perspectiva, a ordenação fálica da sexualidade humana seria então uma defesa crucial contra o território originário da feminilidade, a contrapartida do orgulho humano de se articular e de se apresentar como dominador arrogante de seu despedaçamento latente e iminente. A construção fálica, identificada como reguladora das sexualidades masculina e feminina, seria, enfim, a busca desenfreada e desesperada pela condição humana da perfeição e da completude, contra a finitude e a imperfeição, reveladas finalmente por sua origem bem pouco nobre.

A feminilidade seria assim, no registro psíquico, a marca radical de que somos, pela finitude e incompletude, **humanos, demasiadamente humanos**, parafraseando Nietzsche,[205] um dos teóricos da finitude humana e do filosofema da morte de Deus.[206] O discurso freudiano sobre a feminilidade estaria, enfim, nessa derivação teórica de alguma maneira, na sua ordenação conceitual sempre recomeçada da fragmentação e do despedaça-

---

[205]Nietzsche, F. *Humain, trop humain*. Paris, Gallimard, 1968.
[206]Heidegger, M. *Nietzsche*. Volumes I e II. Paris, Gallimard, 1971.

III. RETÓRICA ECONÔMICA E GRAMÁTICA DA SUBJETIVAÇÃO

mento tanto psíquico quanto corpóreo, ramificações eloquentes da condição originária da feminilidade.

III. RETÓRICA ECONÔMICA E GRAMÁTICA DA SUBJETIVAÇÃO

Se essa interpretação revela a sua coerência e consistência teóricas, é preciso indicar agora como a feminilidade seria o ponto de chegada de um longo percurso teórico do discurso freudiano, iniciado na célebre viragem dos anos 1920 e que procurou revelar os impasses teórico e clínico do desenvolvimento psicanalítico anterior. É preciso mostrar esquematicamente, mas de maneira enfática, como na metapsicologia freudiana já se revelariam os diferentes passos conceituais que se desdobraram e conduziram à problemática da feminilidade como o solo originário da subjetividade.

Antes de mais nada, o conceito de **pulsão de morte** se impôs no discurso freudiano pela evidência de que existiriam no psiquismo pulsões sem representação.[207] O reconhecimento de que existiria uma modalidade de pulsão sem representação, que se oporia à dita pulsão de vida, é a primeira marca de revelação teórica do território da feminilidade. Isso porque o mundo da representação, até então o critério de existência psíquica da pulsão, seria um indicador seguro e direto do mundo enquanto **visibilidade**. Dizer que o mundo era **visível** para o sujeito seria a contrapartida necessária neste de se pensar apenas na pulsão ordenada e inscrita no universo da representação. A concepção

---

[207]Freud, S. "Au-delà du principe de Plaisir" (1920). *In*: Freud's *Essais de Psychanalyse*. Paris, Payot, 1902.

do sujeito como perfeição e infinitude seria, então, o correlato da possibilidade de tornar visível para aquele o que se passa nos registros do corpo, do psiquismo e da dita realidade interior. Enfim, o enunciado de que existiria algo como a pulsão de morte e que esta estaria decididamente fora do campo da representação seria, portanto, a assunção da invisibilidade originária, a qual seria constitutiva da existência humana.

É óbvio que a descoberta inicial do inconsciente[208] pela psicanálise já era o reconhecimento cabal dessa invisibilidade. Contudo, o reconhecimento disso foi desconcertante. Por isso mesmo, o discurso freudiano pretendeu tornar rapidamente da ordem do visível aquilo que era da ordem do invisível, pela imediata articulação da força pulsional com o universo da representação, para fornecer uma lógica para o inconsciente e para sua descoberta.[209, 210] Portanto, mesmo a invisibilidade do inconsciente tornou-se visível pela mediação dos representantes-representação da força pulsional.[211]

Foi esse discurso teórico que fundou então a teoria da sexualidade centrada na figura do falo, pela qual este, como modelo da perfeição, seria também o revelador do mundo da visibilidade. Com efeito, a figura do falo seria a própria luz e como tal o operador da visibilidade do mundo para o sujeito. Daí sua íntima associação, no discurso freudiano, com as ideias de atividade e de masculinidade, signos da perfeição e do domínio sobre as coisas, além de

---

[208]Freud, S. "L'Inconsciente". (1915). *In*: Freud, S. *Métapsychologie*. Paris, Gallimard, 1968.

[209]Freud, S. *L'Interprétation des rêves*. Capítulo VII. *Op. cit.*

[210]Freud, S. *Trois essais sur la théorie de la sexualité*. 1º ensaio. *Op. cit.*

[211]Freud, S. "L'Inconscient" (1913). *In*: Freud, s. *Métapsychologie. Op. cit.*

sua dimensão constitutiva do desejo enquanto tal, isto é, com o movimento de ordenação do mundo a partir do caos primordial.

Contudo, já no ensaio *As pulsões e seus destinos*, da *Metapsicologia* de 1915, o discurso freudiano indicava os limites da leitura inicial do ser da pulsão, formulada sistematicamente desde *A interpretação dos sonhos*[212] e, antes mesmo disso, no "Projeto de uma psicologia científica".[213] Assim, ao separar a força (**Drang**) de seus representantes-representação e enunciar que para construir o circuito pulsional seria necessário um trabalho capaz de articular a força com o universo da representação, o discurso freudiano rompia com a concepção anterior de pulsão e se entreabria inequivocamente para o território da invisibilidade. O conceito de pulsão de morte, de 1920, foi a consequência direta dessa nova articulação teórica, isto é, a evidência da autonomia da força pulsional em face do universo da representação. Estaríamos, enfim, diante do caos ruidoso das forças pulsionais sem qualquer ligação com o registro dos representantes-representação, evidenciando, então, o mundo da invisibilidade e da pura pulsionalidade.

Enquanto invisibilidade e silêncio, isto é, enquanto ausência de **logos** pelo silêncio que a caracterizaria, a pulsão de morte seria muito mais que o universo articulado de representação e da linguagem. Com efeito, enquanto materialização direta da força pulsional, a pulsão de morte indicaria, com eloquência, o mundo das **intensidades** que permeariam a subjetividade humana, os murmúrios indizíveis desta, justamente porque seria

---

[212]Freud, S. *L'Interprétation des rêves. Op. cit.*
[213]*Ibidem.* "Esquisse d'une psychologie scientifique". *In*: Freud, S. *La Naissance de la psychanalyse. Op. cit.*

corpórea antes de mais nada. Portanto, as intensidades que nos convulsionariam, como as que se revelariam com tragicidade na experiência histérica, seriam nao apenas a evidência das marcas da força pulsional, mas a impossibilidade de dominá-las pelo trabalho do pensamento e da vontade. A linguagem não daria conta também do turbilhão convulsionário exibido pela histeria. Daí a queda da marca da representação, como traço definidor da pulsão enquanto tal, como foi enunciado de maneira crítica e crucial na metapsicologia freudiana entre 1915 e 1920.

Essas intensidades revelam a condição humana no seu fundamento, isto é, como potencialidade de **afetação**, enquanto marca de sua imperfeição e finitude. Somente somos afetados porque somos imperfeitos e finitos. A afetação opera sempre no registro da invisibilidade, provocando variações de humor e distimias oscilantes, bastante longe então das ideias claras e simples do campo do pensamento. Estaríamos aqui definitivamente no campo do *pathos*. Ao mesmo tempo, a afetação revelaria os limites e impasses da função psíquica da vontade. Os afetos então, tanto concebidos no registro da quantidade como força pulsional quanto no da qualidade como sentimentos,[214] revelariam as cores que tumultuam o entendimento e que delineiam a imaginação humanas. Seriam as intensidades que nos destinariam à **errância** no mundo, sem poder contar com critérios seguros oferecidos pela representação e pela visibilidade.

Em decorrência da série destacada — pulsão de morte, força pulsional e afeto —, o discurso freudiano enfatizou o conceito

---

[214]Birman, J. "Corpo, o afeto e a intensidade em psicanálise". *In*: Birman, J. *Mal--estar na atualidade*. Rio de Janeiro, Civilização Brasileira, 1999.

de **angústia do real** em oposição ao de **angústia do desejo**, no ensaio intitulado *Inibição, sintoma e angústia*.[215] A angústia do real, como produção direta da experiência traumática, seria a revelação **imediata** da força pulsional e da pulsão de morte, isto é, da afetação que perpassa o sujeito de fio a pavio e que este não consegue contornar e dominar. O trauma, nesses termos, seria a revelação da condição humana enquanto finita, incompleta e imperfeita, já que o sujeito não consegue dispor de meios suficientes para se antecipar ao inesperado e ao improvável. Isso representa a assunção, pelo discurso freudiano, efetivamente eloquente, de que somos tumultuados por **acontecimentos** que indicam nossa finitude e imperfeição. Afirmar que somos traumatizáveis é enunciar, ao mesmo tempo, a finitude e a imperfeição humanas, marcas de nossa feminilidade e da falta definitiva de proteção dos deuses na nossa existência.

Isso não é tudo, no entanto. Toda essa nova constelação metapsicológica converge para a leitura do masoquismo, reconfigurada no discurso freudiano em "O problema econômico do masoquismo", em 1924. O que nos disse Freud aqui, afinal de contas? Para Freud, o masoquismo seria anterior, lógica e historicamente, ao sadismo, já que este seria uma defesa e uma derivação do masoquismo originário.[216, 217]

---

[215]Freud, S. *Inhibition, symptome et angoisse* (1926). Paris, Presses Universitaires de France, 1973.

[216]Freud, S. "Le Problème économique du masochisme". *In*: Freud, S. *Névrose, psychose et perversion. Op. cit.*

[217]Birman, J. "Estilo de ser, maneira de padecer e de construir. Sobre a histeria, a feminilidade e o masoquismo". *In*: Birman, J. *Cartografias do feminino*. São Paulo, Editora 34, 1999.

O discurso freudiano supunha anteriormente que o sadismo era originário e que o masoquismo era secundário e derivado do anterior. A condição sádica primordial se articularia com a primazia conferida por aquele à atividade e à masculinidade, como formas de dominação do mundo e do outro pela subjetividade humana. Contudo, o reconhecimento de que o masoquismo seria originário e não mais derivado seria o reconhecimento flagrante, pela psicanálise, de que as intensidades, a força pulsional, a pulsão de morte e a afetação estariam na origem.

Portanto, a leitura da condição humana como permeada como um todo pelo trauma e pelo masoquismo primordial, enquanto formas originárias de subjetivação, seria a transposição da retórica econômica da metapsicologia freudiana para uma reflexão cerrada das modalidades de subjetivação e suas possibilidades. Com efeito, pela experiência do trauma e do masoquismo primordial, o sujeito busca criar uma **gramática** subjetivante para lidar diretamente com as forças pulsionais e as intensidades invisíveis. A conjugação da totalidade desses procedimentos, dos processos de subjetivação e da retórica econômica, constituiria o território metapsicológico daquilo que o discurso freudiano denominou finalmente feminilidade.

Nessa perspectiva, o dito masoquismo erógeno seria constitutivo do autoerotismo e da experiência alucinatória do desejo. Com efeito, no masoquismo não existiria absolutamente o referencial fálico como mediação do desejo, como operador constitutivo deste. Ao contrário, o falo como psíquico se tornaria presente somente nas modalidades moral e feminina do masoquismo, formas que seriam, aliás, de defesa **contra** o masoquismo erógeno e o autoerotismo.[218] A feminilidade seria, enfim, um outro nome para denominar o masoquismo erógeno, maneira do sujeito lidar com as intensidades e com as forças pulsionais, sem se valer e precisar necessariamente do referencial fálico.

Contudo, se o discurso freudiano pôde, nesse novo contexto metapsicológico e de novas formas de subjetivação, enunciar outro conceito de **sublimação**, isso se deve a essa nova leitura do psiquismo centrada agora na feminilidade. Isso porque a sublimação, implicando agora tanto a **erogeneização** quanto a criação de um novo **objeto** para a força pulsional,[219] não seria mais concebida como dessexualização da pulsão, como Freud supôs inicialmente.[220] Portanto, tanto a erogeneidade autoerótica quanto a sublimação seriam maneiras de lidar positivamente com a feminilidade, isto é, pela assunção e pelos destinos delineados para o masoquismo erógeno.

A sublimação aqui seria, pois, definida pela noção de **sublime** e não pela de **belo**, para retomarmos a distinção estabelecida inicialmente por Burke[221] e retomada posteriormente por Kant[222] na segunda metade do século XVIII. Pela sublimação o sujeito realizaria, com efeito, uma **ação sublime**, criando destinos possíveis para as forças pulsionais e as intensidades. Pela sublimação, além disso, o sujeito realizaria criações que romperiam com as fronteiras estritas estabelecidas para o belo.

---

[218]*Ibidem.*
[219]Freud, S. *Nouvelles conférences sur la psychanalyse. Op. cit.*
[220]Freud, S. "La Morale sexuelle 'civilisée' et la maladie nerveuse des temps modernes". *In:.* Freud, S. *La Vie sexuelle. Op. cit.*
[221]Burke, E. *Recherche philosophique sur l'origine de nos idées du sublime et du beau* (1757). Paris, Vrin, 1990.
[222]Kant, E. *Critique de la faculté de juger* (1790). 1ª parte. Paris, Vrin, 1998.

Ora, a noção de belo em psicanálise se identificaria com a de falo, condensação maior das ideias de perfeição, completude e atividade. Freud pensava inicialmente na categoria belo quando enunciou o conceito de sublimação, sublinhando a dimensão de dessexualização da pulsão conjugada à manutenção do mesmo objeto pulsional. Isso porque seria o erotismo que obscurecia a luminosidade das ideias claras e distintas. Agora, no entanto, o que está em pauta é a noção de que sublimar implica encontrar um novo objeto para a pulsão, pelo qual a erogeneidade se realizaria fora do registro do belo, no qual o falo seria rompido tanto nas suas fronteiras quanto na sua exaltação pela sublimação, de acordo com a concepção kantiana de ação sublime como **ultrapassagem de limites.**[223]

Daí depreende-se que, na concepção freudiana inicial (pela qual a sublimação implicava a dessexualização da pulsão), se supunha que o trabalho civilizatório fosse antierógeno por essência. Daí a exigência que se impunha para o sujeito de constituir o belo, nos conceitos e pelos objetos criados, **contra** a erogeneidade, como se esta fosse em si mesma anticivilizatória.[224] Com efeito, enquanto imperativo do sujeito que se formularia no corpo, a erogeneidade indicaria a imperfeição e a incompletude, marcas, portanto, do que existiria de menor e pouco grandioso no sujeito. A produção do belo, contra isso tudo, seria empreendida então pela figuração do falo, pela catalisação deste, como constitutiva da beleza enquanto tal. Agora, ao

---

[223]Nancy, J. L. "L'Offrande sublime". *In*: *Du sublime*. Paris, Belim, 1988.
[224]Freud, S. "La Morale sexuelle 'civilisée' et la maladie nerveuse des temps modernes". *In*: Freud, s. *La Vie sexuelle. Op. cit.*

contrário, a sublime ação implicaria a ruptura com o belo e com o falo, com os limites do humano circunscrito ao território da perfeição e da completude. Enfim, a assunção da feminilidade pelo sujeito, enquanto sublime ação, seria a consideração efetiva pela psicanálise de que a condição humana não poderia fugir das dimensões erótica e intensiva dessas pulsões, de que isso é que nos faria **humanos demasiado humanos.**

IV. RECOMEÇAR

Na feminilidade se conjugariam as diversas operações, indicadas esquematicamente antes pela nova metapsicologia freudiana. Posterior à viragem dos anos 20, esta foi preparada, contudo, pela desarticulação da noção de força pulsional do mundo dos representantes e da visibilidade, enunciada em "As pulsões e seus destinos".[225] A feminilidade seria, assim, o ponto de chegada de um movimento bastante complexo do pensamento freudiano que, da pulsão como força, passando pelo conceito mediador de pulsão de morte e de angústia do real, realizaria finalmente um esboço do sujeito marcado pelo trauma e pelo masoquismo erógeno, como engendradores fundamentais das formas de subjetivação. Com isso, a feminilidade enquanto sublime ação indicaria as potencialidades humanas para a erogeneidade e para a experiência da criação, na qual se reconheceria implicitamente que a subjetividade seria, pois, imperfeita, incompleta, incon-

---

[225]Freud, S. "Pulsions et destins de pulsions". *In*: Freud, S. *Métapsychologie. Op. cit.*

clusa e finita. Enquanto potência de **devir** e de **vir a ser,** o sujeito seria, enfim, sempre algo tosco e rude, marcado que seria pela pouco nobre carnalidade e fadado ao permanente e insistente recomeço de sua existência.

Pensar, pois, a feminilidade como a origem e o originário do sujeito, como o território inaugural do erotismo, é fazer um giro de 180 graus em relação ao paradigma do masculino como originário, que marcou o pensamento ocidental desde os gregos e o cristianismo até à modernidade. Além disso, é colocar também nas suas devidas dimensões e poder reconfigurar alguns valores que obcecam nosso imaginário, quais sejam, as noções de perfeição, completude e beleza. Portanto, a feminilidade como origem nos permite também dimensionar devidamente o lugar estratégico atribuído à figura do falo na tradição psicanalítica pós-freudiana e no discurso freudiano sobre a sexualidade humana. Enfim, enquanto polo alteritário do psiquismo, a feminilidade permitiria também **relativizar** o lugar do falo na erogeneidade humana e nos descaminhos do desejo, redefinindo então as trilhas de sua errância.

Portanto, pela mediação do conceito de feminilidade é que a psicanálise poderia dialogar, em outros termos, com as novas demandas e imperativos urgentes da atualidade, para defrontar com as novas formas de subjetivação produzidas pelo mundo pós-moderno, relançando outro olhar sobre o universo das mulheres e dos homens que se reconfiguram de outra maneira na cena contemporânea. Para isso, contudo, é preciso repensar também o erotismo humano fora do registro fálico, já que por esse viés os sexos foram novamente distribuídos de forma hierárquica e enraizada numa natureza diferencial impossível de ser ultrapassada. Pela mediação disso tudo, enfim, suponho que um novo limiar dialógico possa ser estabelecido pela psicanálise com o mundo e com as novas exigências da atualidade.

Pela feminilidade seria possível, então, um recomeço do discurso psicanalítico, que superasse as ambivalências e os paradoxos presentes na leitura freudiana da sexualidade feminina. Os impasses colocados por essa leitura poderiam ser efetivamente ultrapassados retirando-se positivamente seus ruídos e permitindo, assim, que a psicanálise se configure de outras formas na atualidade, de maneira a poder promover os novos desdobramentos éticos que a história nos impõe como seus imperativos.

Poderemos trilhar e construir, dessa maneira, uma outra **gramática erótica** para a subjetividade, bastante diferente daquela fundada no referencial fálico. Pelas sendas da feminilidade poderemos lançar novamente os dados, como nos disse Mallarmé, da psicanálise na roleta do destino. Para isso, enfim, é preciso superar os impasses e paradoxos que herdamos da democracia ateniense e daquela forjada pela Revolução Francesa, caminhando então decididamente para a construção de uma nova ordem democrática, na qual a igualdade dos cidadãos não seja formal, mas efetivamente real.

Rio de Janeiro, 16 de agosto de 1999

Bibliografia citada

Adler, L. *La Vie quotidienne dans les maisons closes: 1830-1930*. Paris, Hachette, 1990.

Adler, L. *Secréts d'alcôves. Une histoire des couples de 1830 à 1930*. Paris, Hachette, 1983.

André, S. *Que veut une femme?* Paris, Navarin, 1986.

Aragon, L.; Breton, A. "Le Cinquentenaire de l'hystérie". *In: La Revolution surrealiste*. n° 11. Paris, 1928.

Ariès, Ph. *Histoire des populations françaises*. Paris, Seuil, 1971.

Aristóteles, *De la génération et de la corruption*. Paris, Belles Lettres, 1967.

Aristóteles, *La Métaphysique*. Volume I, Paris, Vrin, 1964.

Aristóteles. *Poétique*. Paris, Le Livre de Poche (Classique), 1990.

Aulagnier, P., Clavreul, J., Perrier, F., Rosolato, G., Valabrega, J.P. *Le désir et la perversion*. Paris, Seuil, 1981.

Badinter, E. *L'Un est l'autre*. 2ª parte, Capítulo I. Paris, Odile Jacob, 1986.

Badinter, E. *L'Amour en plus. Histoire de l'amour maternel* (XVIIe- -XIXe siècle). Paris, Flammarion, 1980.

Badinter, E. *XY. De l'identité masculine*. Paris, Odile Jacob, 1992.

Band, J.P. "Genèse intitutionnelle du génocide". *In:* Olff-Nathan, J. *La Science sous le troisième Reich*. Paris, Seuil, 1993.

Bannour, W. *Jean-Martin Charcot et l'hystérie*. Paris, Métaillie, 1992.

Baumam, Z. *Modernidade e Holocausto*. Rio de Janeiro, Jorge Zahar, 1990.

Bernheim, M. *L'hystérie. Définition et conception. Pathogénie. Traitement*. Paris. O. Doin et fils, 1913.

Birman, J. "Corpo, o afeto e a intensidade em psicanálise". *In*: Birman, J. *Mal-estar na atualidade*. Rio de Janeiro, Civilização Brasileira, 1999.

Birman, J. "Estilo de ser, maneira de padecer e de construir. Sobre a histeria, a feminilidade e o masoquismo". *In*: Birman, J. *Cartografias do feminino*. São Paulo, Editora 34, 1999.

Birman, J. "O sacrifício do corpo e a descoberta da psicanálise". *In*: Birman, J. *Ensaios de teoria psicanalítica*. Parte I. Rio de Janeiro, Jorge Zahar, 1993.

Birman, J. *A psiquiatria como discurso da moralidade*. Rio de Janeiro, Graal, 1970.

Birman, J. *Freud e a interpretação psicanalítica*. Rio de Janeiro, Relume Dumará, 1989.

Breton, A. "Nadja". *In*: Breton, A. *Oeuvres*. Volume I. Paris, Gallimard, 1988, p. 753.

Briquet, P. *Traité clinique et thérapeutique de l'hystérie*. Paris, Baillière, 1859.

Burke, E. *Recherche philosophique sur l'origine de nos idées du sublime et du beau* (1757). Paris, Vrin, 1990.

Canguilhem, G. "L'Objet de l'histoire des sciences". *In*: Canguilhem, G. *Études d'histoire et de philosophie des sciences*. Paris, Vrin, 1968.

Canguilhem, G. "Le Concept de reflexe au XIXeme siècle". *Études d'histoire et de philosophie de la science*. Paris, Vrin, 1968.

Canguilhem, G. *La Formation du concept de réflexe au XVIIème XVIIIème siècles*. Paris, Vrin, 1977, 3ª edição.

Carroy-Thirard, J. "Posséssion, extase, hystérie au XIXe siècle". *In*: *Psychanalyse à l'Université*. V, nº 19. Paris, 1980.

Carroy-Thirard, J. "Figures de l'hystérie dans la psychanalyse française au XIXe siècle". *In*: *Psychanalyste a l'Université*. IV. nº 14. Paris, 1979.

Chauvelot, D. *L'Hystérie vous salue bien. Sexe et violence dans l'inconsciente.* Capítulo 1. Paris, Denöel, 1995.

Charcot, J. M. *L'Hystérie. Textes choisis et présentés parte.* Trilliat. Toulouse, Privat, 1971.

Charcot, J.M.; Richer, P. *Les Démoniaques dans l'art.* Paris, Delahaye & Lécroshier, 1887.

Chertok, L., Stengers, I. *O coração e a razão. A hipnose de Lavoisier a Lacan.* Rio de Janeiro, Jorge Zahar, 1990.

Chertok, R., Saussure, R. *Naissance de la psychanalyse.* Paris, Payot, 1973.

Corbin, A. *Les Filles des noces. Misère sexuelle et prostitution, XIX-XXeme siècles.* Paris, Aubier-Montaigne, 1970.

Deutsch, H. *La Psychologie des femmes.* Volumes I e II. Paris, Presses Universitaires de France, 1949.

Deutsch, H. *Psychanalyse des fonctions sexuelles de la femme.* Paris, Presses Universitaires de France, 1994.

Didi-Huberman, G. *L'Invention de l'hystérie. Charcot et l'iconographie photographique de la Salpetrière.* Paris, Macula, 1982.

Flandrin, J. L. *Familles: Parenté, maison, sexualité dans l'ancienne société.* Paris, Seuil, 1984.

Flandrin, J. L. *Le Sexe et l'Occident. Évolution des attitudes et des comportements.* Paris, Seuil, 1981.

Foucault, M. "Nietzsche, la généalogie, l'histoire". *In*: Foucault, M. *Dits et écrits.* Volume II. Paris, Gallimard, 1994.

Foucault, M. *Histoire de la folie à l'âge classique.* Paris, Gallimard, 1971.

Foucault, M. *Les Mots et les choses. Une archéologie des sciences humaines.* Paris, Gallimard, 1966.

Foucault, M. *Microfísica do poder.* Rio de Janeiro, Graal, 1979.

Foucault, M. *Naissance de la clinique. Une archéologie du regard médical.* Paris, Presses Universitaires de France, 1963.

Foucault, M. *Surveiller et punir.* Paris, Gallimard, 1975.

Foucault, M. *Volonté de savoir. Histoire de la sexualité.* Volume 1. Paris, Gallimard, 1976.

Fraisse, G. *Les Femmes et leur histoire*. Paris, Gallimard, 1990.

Freud, S. "Lettres à Wilhelm Fliess, notes et plans" (1807-1902). *In*: Freud, S. *La Naissance de la psychanalyse*. Paris, Presses Universitaires de France, 1973, p. 190.

Freud, S. "Hysteria" (1808). *In*: *The Standard Edition of the Complete Psychological Works of Sigmund Freud*. Volume I. Londres, Hogarth Press, 1970.

Freud, S. "Preface to the Translation of Charcot's Lectures on the diseases of the Nervous System" (1886). *In*: *The Standard Édition of The Complete Psychological Works of Sigmund Freud*. Volume I. Londres, Hogarth Press, 1970.

Freud, S. "Preface to the Translation of Bernheim' s Suggestion" (1888). *In*: *Standard Edition of The complete Psychological Works of Sigmund Freud*. Volume I. Op. cit.

Freud, S. "Review of August Forel' s Hypnotism" (1889). *Idem*.

Freud, S. "Hypnosis" (1891). *Idem*.

Freud, S. "Preface and Footnotes to the Translation of Charcot's Tuesday Lectures" (1892-1894). Volume I. *Idem*.

Freud, S. "Charcot" (1893). *Idem*.

Freud, S. "Some Points for a Comparative Study of Organic and Hysterical Paralyses" (1893-1897). *Idem*.

Freud, S. "Les Psychonévroses de défense" (1894). *In*: Freud, S. *Névrose, psychose et perversion*. Paris, Presses Universitaires de France, 1973.

Freud, S. "Esquisse d'une psychologie scientifique" (1895). *In*: Freud, S. *La Naissance de la psychanalyse*. Paris, Presses Universitaires de France, 1973.

Freud, S.; Breuer, J. *Études sur l'hystérie* (1895). Paris, Presses Universitaires de France, 1971.

Freud, S. "L'Heredité et l'étiologie des névroses" (1896). *In*: Freud, S. *Névrose, psychose et perversion. Op. cit.*

Freud, S. "Nouvelles Remarques sur les Psychonévroses de Défense" (1896). *Idem*.

Freud, S. "L'Étiologie de l'hystérie" (1896). *In*: Freud, S. *Névrose, psychose et perversion. Op. cit.*

Freud, S. *Trois essais sur la théorie de la sexualité* (1905). Paris, Gallimard, 1982.

Freud, S. "Fragment d'une analyse d'hystérie (Dora)" (1905). *In*: Freud, S. *Cinq psychanalyses*. Paris, Presses Universitaires de France, 1975.

Freud, S. "Les Fantasmes hystériques et leur relation à la bisexualité" (1908). *In*: Freud, S. *Névrose, psychose et perversion. Op. cit.*

Freud, S. "La Morale sexuelle 'civilisée' et la maladie nerveuse des temps modernes" (1908). *In*: Freud, S. *La Vie sexuelle*. Paris, Presses Universitaires de France, 1973.

Freud, S. "Considerations Génerales sur l'attaque hystérique" (1909). *In*: Freud, S. *Névrose, psychose et perversion. Op. cit.*

Freud, S. *La Technique psychanalytique*. Paris, Presses Universitaires de France, 1972.

Freud, S. *Totem et tabou* (1913). Paris, Payot, 1975.

Freud, S. "Pour introduire le narcissisme" (1914). *In*: Freud, S. *La Vie sexuelle. Op. cit.*

Freud, S. "Pulsions et destins des pulsions" (1915). *In*: Freud, S. *Métapsychologie*. Paris, Gallimard, 1968.

Freud, S. "L'Inconscient". (1915). *Idem.*

Freud, S. "Sur les transpositións de pulsions plus particulièrement dans l'érotisme anal" (1917). *In*: Freud, S. *La Vie sexuelle. Op. cit.*

Freud, S. "Sur la psychogenèse d'un cas d'homosexualité féminine" (1919). *In*: Freud, S. *Névrose, psychose et perversion. Op. cit.*

Freud, S. "Au-delà du principe de plaisir" (1920). *In*: Freud, S. *Essais de psychanalyse*. Paris, Payot, 1982.

Freud, S. "Psychologie des foules et analyse du moi" (1921). *In*: Freud, S. *Essais de psychanalyse. Op. cit.*

Freud, S. "Le Moi et le ça" (1923). *Idem.*

Freud, S. "L'Organisation génitale infantile" (1923). *In*: Freud, S. *La Vie sexuelle. Op. cit.*

Freud, S. "Une Névrose diabolique au XVIIeme siècle" (1923). *In*: Freud, S. *L'Inquiétante étrangeté et autres essais*. Paris, Gallimard, 1985.

Freud, S. "Le Problème économique du masochisme" (1924). *In*: Freud, S. *Névrose, psychose et perversion. Op. cit.*

Freud, S. "La Fin du complexe d'Oedipe" (1924). *In*: Freud, S. *La Vie sexuelle. Op. cit.*

Freud, S. "Quelques conséquences psychiques de la différence anatomique entre les sexes" (1925). *In*: Freud, S. *La Vie sexuelle. Op. cit.*

Freud, S. *Inhibition, symptome et angoisse* (1926). Paris, Presses Universitaires de France, 1973.

Freud, S. *Malaise dans la civilisation* (1930). Paris, Presses Universitaires de France, 1971.

Freud, S. "La Sexualité féminine" (1931). *In*: Freud, S. *La Vie sexuelle. Op. cit.*

Freud, S. "La Féminité". *In*: Freud, S. *Nouvelles conférences sur la psychanalyse* (1932). Paris, Gallimard, 1936.

Freud, S. "L'Analyse avec fin et l'analyse sans fin" (1937). *In*: Freud, S. *Résultats. Idées. Problèmes*. Tome II. Paris, Presses Universitaires de France, 1992.

Freud, S. *L'Interprétation des rêves* (1980). Paris, Presses Universitaires de France, 1976.

García Márquez, G. *Crônica de uma morte anunciada*. Rio de Janeiro, Record, 1986.

Gauchet, M. *L'Inconscient cérébral*. Paris, Seuil, 1992.

Gauchet, M.; Swain, G. *Le Vrai Charcot. Les Chemins imprévus de l'inconscient*. Paris, Calmann-Lévy, 1999.

Godelier, M. Parentesco: "Homem/Mulher". *In*: *Enciclopédia* (Einaudi) n° 20. Lisboa, Imprensa Nacional — Casa da Moeda, 1989.

Granoff, W., Perrier, F. *Le désir ét le féminim*. Paris, Aubier, 1991.

Hamon, M.C. *Pourquoi les femmes aiment-elles les hommes?* Paris, Seuil, 1992.

Hecaen, H., Dubois, J. *La Naissance de la neuropsychologie du langage (1825-1865)*. Paris, Flammarion, 1969.

Hecaen, H., Lanteri-Laura, G. *Evolution des connaissances et des doctrines sur les localisations cerebrales*. Paris, Disclee de Brouwer, 1977.

Hegel, G. W. F. *La Phénomenologie de l'esprit* (1807). Volumes I e II. Paris, Aubier, 1941.

Hegel, G. W. F. *Science de la logique*. Paris, Aubier, 1972.

Heidegger, M. *Nietzsche*. Volumes I e II. Paris, Gallimard, 1971.

Héritier, F. *Les Deux soeurs et leur mère. Anthropologie de l'inceste*. Paris, Odile Jacob, 1995.

Héritier, F. *Masculin/Féminin. La Pensée de la différence*. Paris, Odile Jacob, 1996.

Hyppolite, J. "Le Tragique et le rationnel dans la philosophie de Hegel". *In: Figures de la pensée philosophique*. Volume II. Paris, Presses Universitaires de France, 1971.

Jacob, F. *La Logique du vivant*. Une histoire de l'hérédité. Paris, Gallimard, 1970.

Jones, E. *La Vie et l'oeuvre de Sigmund Freud*. Volume I. Paris, Presses Universitaires de France, 1970.

Kant, E. *Critique de la faculté de juger* (1790). Paris, Vrin, 1898.

Kant, E. *Critique de la raison pratique*. Paris, Presses Universitaires de France, 1943.

Kittsteimer, H. D. *La Naissance de la conscience morale. Au Seuil de l'âge moderne*. 1ª Parte. Paris, CERF, 1997.

Kofman, S. *Aberrations*. Le devenir fémme d'Auguste Comte. Paris, Audier-Flammerion, 1970.

Kofman, S. *Le Respect des Femmes*. Paris, Galilée, 1902.

Krafft-Ebing, R. *Psychopathia sexualis*. Paris, Payot, 1950.

Lacan, J. "La Signification de phallus". *In*: Lacan, J. *Écrits*. Paris, Seuil, 1966.

Lacan, J. Encore. *Le Séminaire*. Livre XX, Paris, Seuil, 1975.

Lacan, J. *Le Transfert. Le Séminaire*. Livre VII, Paris, Seuil, 1991.

Lacan, J. "Propos directifs pour un congrès sur la sexualité féminine". *In*: Lacan J. *Écrits. Op. cit.*

Lanteri-Laura, G. *Histoire de la phrénologie*. Paris, Presses Universitaires de France, 1970.

Lanteri-Laura, G. *Lecture des perversions. Histoire de leur appropriation médicale*. Paris, Masson, 1979.

Laplanche, J. *Le baquet. Transcedance du transfert*. Paris, Presses Universitaires de France, 1987.

Laqueur, T. "Orgasm, generation, and the Politics Reproductive Biologie". *In*: Gallager, C., Laqueur, T. *The Making of Modern Body*. Califórnia, California Press, 1984.

Laqueur, T. *La Fabrique du sexe*. Paris, Gallimard, 1992.

Léonard, J. *La France médicale. Médecins et maladies au XIXe siècle*. Paris, Gallimard/Julliard, 1978.

Mannoni, O. "Je sais bien, mais quand même". *In*: Mannoni, O. *Clefs pour l'imaginaire*. Paris, Seuil, 1969.

Massin, B. "Anthropologie raciale et national-socialisme: heurs et malheurs du paradigme de la race". *In*: Olff Nathan, J. *La Science sous le troisième Reich*. Paris, Seuil, 1993.

Masters, W. M., Johnson, V. E. *Les Mésententes sexuelles*. Paris, Robert Laffont, 1971.

Mesmer, F. H. *Le Magnétisme animal*. Paris, Payot, 1973.

Meyer, Ph. *L'Enfant et la raison d'état*. Paris, Seuil, 1977.

Montaigne, M. Essais. Livro I, Cap. XXI. *In*: Montaigne, M. *Oeuvres complètes*. Paris, Gallimard (Pléiade), 1962, p. 96.

Morel, M. A. *Traité des dégenérescences physiques, intellectuelles et morales de l'espécie humaine et des causes qui produisent ces variétes maladives*. Paris, J. B. Baillière, 1857.

Nancy, J. L. "L'Offrande sublime". *In*: *Du sublime*. Paris, Belim, 1988.

Nathan, T., Stengers, I. *Médecins et sorciers*. Paris, Synthélabo, 1995.

Nietzsche, F. *Humain, trop humain*. Paris, Gallimard, 1968.

Nunes, S.A. *O corpo do diabo entre a cruz e a caldeirinha. Sobre a mulher, o masoquismo e a feminilidade*. Rio de Janeiro, Civilização Brasileira, 2000.

Rausky, F. *Mesmer et la révolution thérapeutique*. Paris, Payot, 1977.

Rivière, J. "La Féminité en tant que mascarade" (1929). *In*: Hamon, M.C. (coordenação). *Féminité Mascarade*. Paris, Seuil, 1994.

Rosen, G. *Da polícia médica à medicina social*. Rio de Janeiro, Graal, 1979.

Schlebinger, L. "Skeleton in the Closet the First Illustration of the Female Skeleton in the Eighteen-Century Anatomy". *In*: Gallager, C. Laqueur, T. *The Making of the Modern Body. Op. cit.*

Schlebinger, L. *The Mind Has No Sex? Women on the Origins of Modern Science*. Cambridge, Harvard University Press, 1989.

Shorter, E. *Naissance de la famille moderne*. Paris, Seuil, 1977.

Swaing, G. "L'Âme, la femme, le sexe et le corps". Remarques sur la formation de l'idée contemporaine de psychothérapie. *In*: Swain, G. *Dialogue avec l'insensé*, Paris, Gallimard, 1994.

Thullier, J. *Monsieur Charcot de La Salpêtrière*. Paris, Robert Laffont, 1993.

Trillat, E. *Histoire de l'hystérie*. Capítulo 1. Paris, Seghers, 1986.

Veith, I. *Hysteria: The History of a Disease*. Chicago, University of Chicago Press, 1965.

Wajeman, G. "Psyche de la femme: Mote sur l'hystérie au XIXeme siècle". *In*: *Romantisme*, nº 13-14. Paris, 1976.

Wittgenstein, L. Investigações filosóficas. Coleção Os Pensadores. São Paulo, Abril Cultural, 1979.

O texto deste livro foi composto em Sabon,
desenho tipográfico de Jan Tschichold de 1964
baseado nos estudos de Claude Garamond e
Jacques Sabon no século XVI, em corpo 10,5/15.
Para títulos e destaques, foi utilizada a tipografia
Frutiger, desenhada por Adrian Frutiger em 1975.

A impressão se deu sobre papel off-white
pelo Sistema Digital Instant Duplex da Divisão Gráfica
da Distribuidora Record.